W0346733

Joscha Remus

Berlin – Stadtführer für Kinder

Joscha Remus

BERLIN

Stadtführer für Kinder

Illustriert von Sibylle Vogel

Picus Verlag Wien

Kennst du auch die anderen Stadtführer für Kinder aus dem Picus Verlag?

In der Reihe gibt es die Bände:

Wien – Stadtführer für Kinder,
von Brigitta Höpler, Alexander Potyka und Sibylle Vogel

Salzburg – Stadtführer für Kinder,
von Margit Salamonsberger und Johanna de Wailly

München – Stadtführer für Kinder,
von Martina Gorgas und Sibylle Vogel

Grafische Gestaltung: Dorothea Löcker, Wien
Druck und Verarbeitung:
Druckerei Theiss GmbH, St. Stefan im Lavanttal
ISBN 978-3-85452-145-7

Neuigkeiten aus dem Picus Verlag unter
www.picus.at

Inhalt

Damit du dich in dem Buch gut zurechtfindest, helfen dir folgende Zeichen:

R 5 — Nähere Hinweise findest du in Rundgang 5.

Häuser, die im Rundgang beschrieben werden.

Der Weg, den du gehen wirst.

Beginn des Rundgangs. Am Anfang jedes Rundgangs sind Verkehrsmittel angegeben, die dir zeigen, wie du zu den Ausgangspunkten kommst.

Tipp für spezielle Kinderführungen oder mehr Information in der Einleitung oder im Kapitel »Was du sonst noch alles unternehmen und anschauen kannst«.

Hier kannst du etwas zeichnen oder ergänzen.

Hier gilt es, genau zu schauen oder ein Rätsel zu lösen. Auflösungen findest du im Anhang.

Praktische Hinweise zu diesem Buch

Bevor du auf Entdeckungsreise durch Berlin gehst, noch ein paar Hinweise, wie du dieses Buch verwenden kannst.

Zuerst erfährst du, wie Berlin sich aus zwei kleinen Dörfern zu einer großen Stadt entwickelt hat und wie die Menschen früher in Berlin gelebt haben. Du wirst staunen, was sich aus einem Sumpfgebiet alles machen lässt und welche Karriere eine kleine Fischerinsel im Lauf der Zeit so machen kann.

Dann kannst du in verschiedenen Rundgängen selbst die Stadt erforschen. Als Ausrüstung brauchst du nicht viel, einen Bleistift vielleicht, dazu gute Augen und etwas Fantasie. Die Rundgänge haben wir so gewählt, dass du viel in Fußgängerzonen, auf Plätzen oder im Grünen unterwegs bist.

Natürlich gibt es in einer Stadt wie Berlin noch sehr viel mehr zu sehen und zu unternehmen, als unser Buch aufzählen kann. Es gibt sogar Leute, die meinen, ein ganzes Leben reiche nicht aus, um in Berlin alles zu sehen.

Darum haben wir im Kapitel 7 eine kleine Auswahl der möglichen Ziele beschrieben, die für dich noch interessant sein könnten.

Übrigens: In einer Stadt ist man ja nie so ganz allein. Auf deinen Erkundungsgängen werden dich zwei ganz besonders erfahrene Stadtführer begleiten: Diese beiden Kinder und ein Bär entdecken die Stadt Berlin mit dir gemeinsam. Viel Spaß dabei!

Eine kleine Geschichte der Stadt

Eiszeitgletscher, Sümpfe ...

Berlin ist eine sehr junge Stadt, eine der jüngsten Europas. Noch vor 800 Jahren, als Städte wie London, Paris, Rom oder Wien längst existierten, gab es dort, wo heute Berlin liegt, vor allem Sumpfland, wilde Flussläufe und riesige Seen. Die zahlreichen Gewässer sind während der letzten Eiszeit entstanden. Viele der ersten Siedlungen lagen mitten in einem Tal, das vom Schmelzwasser riesiger Gletscher geschaffen wurde, dem Urstromtal.

... und die Fischerinsel

Kein Wunder, dass sich vor allem Fischer in solch einer wasserreichen Gegend gerne ansiedelten. So auf dem südlichen Teil der heutigen Spreeinsel, den man auch Fischerinsel nennt. Den alten Fischerkiez südlich der Gertraudenstraße gibt es leider nicht mehr. Und auch das Sumpfgebiet im Norden der Insel ist längst trockengelegt und verschwunden. Hier stehen heute die schönsten Museen der Stadt (siehe R 3).

Es sind Zwillinge!

Seine Stadtkarriere begann Berlin auf zwei kleinen Inseln inmitten der sich wild schlängelnden Spree. Die Schwesterstädte Cölln und Alt-Berlin lagen einander hier genau gegenüber. An einer Furt, einer flachen Flussstelle, ging man einfach zu Fuß von einer Stadtinsel zur anderen hinüber. Später wurden Brücken errichtet und die beiden Städtchen wuchsen noch dichter zusammen. 1307 bauten sich die Bürger der Zwillingsstadt ein gemeinsames Rathaus.

Ein Rathaus über dem Wasser

Zwei der ältesten Brücken Berlins im Bezirk Mitte erinnern noch heute an diese Zeit, beide waren früher aus Holz. Auf der Rathausbrücke soll einmal das Rathaus von Berlin-Cölln gestanden haben! Von der Mühlendammbrücke weiß man sicher, dass sie ihren Namen wegen der sechs Wassermühlen trägt, die einmal auf ihr standen.

Bärlin setzt sich durch

Weil das alte Berlin etwa doppelt so groß war wie Cölln, lag es im Rennen um den späteren Stadtnamen irgendwann vorne. Sprachforscher sagen, Berlin käme aus dem Slawischen und würde »Ort im Sumpf« bedeuten. Das ergibt Sinn, denn wir wissen, wie sumpfig und morastig es im Urstromtal zuging.
Naturkenner aber behaupten, Berlin sei mit dem Wort Bärlein verwandt. Auch das kann gut sein, denn an der flachen Stelle der Spree, zwischen den Zwillingsstädten, haben früher Bären nach Fischen gejagt. Der Streit, ob Sümpfe oder ein kleiner Bär Namensgeber der Stadt sind, hält bis heute an. Wie auch immer. Berlin klingt auf jeden Fall ein wenig nach Bär. Und Spaß macht es allemal, Bärlin zu sagen oder zu schreiben, vor allem den Bärlinern.

In der rechten Spalte siehst du das Alt-Berliner Stadtsiegel von 1280. Es zeigt den brandenburgischen Adler und zwei Bären im Panzerhemd. Die Bären sind ein Symbol für die damaligen Raubritter, der Adler steht für den Markgrafen, den damaligen Herrscher Berlins, der die Stadt gegen die Raubritter beschützte.

Markgrafen, Raubritter und lustige Namen – Berlin im Mittelalter

Im 13. Jahrhundert wird Berlin-Cölln als Handelsplatz immer beliebter. Die junge Zwillingsstadt hat anfangs gerade einmal 4200 Einwohner. Doch die kleine Gemeinde wird schnell sehr wohlhabend und mächtig. Viele Berliner Kaufleute verstehen sich auf die Kunst, Handel mit weit entfernt liegenden Städten und Ländern zu treiben. So fährt man bis nach Russland, um an wertvolle Felle zu kommen. Märkischer Roggen, Bier und Eichenholz werden nach Hamburg und nach Holland geliefert. Auf dem Rückweg bringen die Händler dann Gewürze oder flämische Stoffe mit nach Berlin.

Erfolgreiche Niederlage

Die aufstrebende Stadt liegt genau am Kreuzungspunkt alter Handelswege. Mit den Steuern der Händler füllt sie schnell die

Schatzkisten der Markgrafen. Die freuen sich so sehr darüber, dass sie Berlin-Cölln viele Sonderrechte gewähren. Eines war die Zollfreiheit. Für viele Waren wurden an der Stadtgrenze keine Gebühren mehr erhoben. Zwei andere Privilegien waren das Stapelrecht und das Recht auf Niederlage. Diese beiden Rechte hören sich seltsam an, waren für die Berliner aber sehr nützlich. Denn fremde Händler wurden dadurch gezwungen, ihre Waren auf den Märkten der Stadt anzubieten, was man damals auch stapeln und niederlegen nannte. So bekamen die Berliner früh die Möglichkeit, günstig einzukaufen. Und auch für die Händler aus fernen Landen verwandelte sich diese »Niederlage« meist in einen Gewinn.

Übrigens stammt auch der Begriff Hochstapler aus dieser Zeit. Hochstapler steht in Rotwelsch, der Sprache des fahrenden Volkes, für einen Bettler, der sich als eleganter Herr ausgibt.

Märkte, Kirchen und strenge Regeln

Die ersten Berliner Märkte entstehen ganz in der Nähe der Brücken und Kirchen. In Berlin-Mitte, nahe dem Nikolaiviertel, kann man heute noch den Molkenmarkt finden. Er heißt zwar weiterhin Markt, Milchprodukte werden dort aber heute nicht mehr verkauft. Auf der Spreeinsel gab es früher noch den Cöllner Fischmarkt, direkt neben der St. Petri-Kirche. Leider gibt es beide nicht mehr. Und wenn es sie gäbe, wären sie wahrscheinlich von den Hochhäusern völlig verdeckt. Aber die älteste Kirche Berlins ist noch da, die zwischen 1220 und 1230 aus Feldsteinen erbaute Nikolaikirche. Sie liegt inmitten eines modernen Viertels zwischen Spandauer- und Rathausstraße, ganz in der Nähe der Spree. Die Kirche ist heute ein Museum, in dem auch Konzerte stattfinden.

Um 1400 haben Berlin und Cölln bereits 8500 Einwohner. In der Stadt stehen über 1000 Häuser. Das Marienviertel sowie der gesamte historische Stadtkern auf der Spreeinsel und das Nikolaiviertel waren früher von vielen kleinen Gässchen durchzogen.

Außer dem Wasser und dem Sumpfland gab es lange Zeit sogar zwei große Dünen. Im Städtchen Berlin-Cölln ging es damals sehr eng zu. Auf der Spreeinsel wohnten vor allem Fischer, während sich Kaufleute und Handwerker am rechten Ufer niederließen. Einige Straßennamen in Berlin erinnern heute noch an ihre mittelalterlichen Berufe. Vielleicht kommst du ja einmal an der Leineweber-, Böttcher- oder Hufschmiedstraße vorbei.

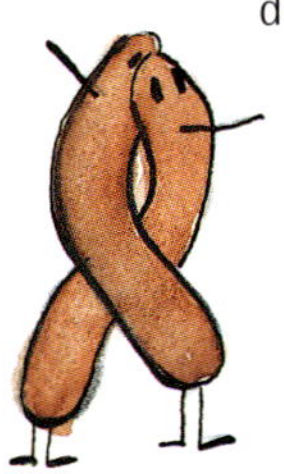

Wursthof

Alles war streng geregelt damals. So durfte der Scharfrichter und Henker nur am Rande der Stadt, also an der Stadtmauer wohnen. Der Wursthof, wie das städtische Schlachthaus genannt wurde, musste aus Reinlichkeitsgründen direkt am Wasser gebaut werden. Eine Kleiderordnung schrieb den Bürgern schlichte Jacken und Mäntel vor. Es gab Erlasse gegen pompöse, verschwenderische Feste und gegen das Glücksspiel. Auch durfte nach dem letzten Glockenschlag nicht mehr auf der Straße getanzt werden.

Dünnes Bier

Für die Normalbürger war die Arbeit damals sehr anstrengend und die

Mahlzeiten lange nicht so vielfältig wie heute.

Das Mittelalteressen eines Berliners bestand vor allem aus Fisch, Getreidesuppe, Früchten, Pilzen, Wurzeln und dünnem, mit Wasser gestrecktem Bier. Das Leben war damals auch sehr gefährlich. In Berlin-Cölln hat es nie eine richtige Burg gegeben! Außer der Bürgerwehr schützte nur eine Stadtmauer mit fünf massiven Toren und einem davor gelegenen Doppelgraben die Berliner vor den Angriffen der Raubritter und feindlichen Völker.

JWD!

Aus diesem Grund verbündete man sich gerne mit Burgstädten im Umland. Für die Berliner lagen diese Städte wie Spandau oder Köpenick damals j.w.d., also janz weit draußen. Mit dem Pferdewagen brauchte man über zwei Stunden bis dorthin. Heute sind Spandau und Köpenick Stadtteile von Berlin. Vom Bezirk Mitte aus fährt man gemütlich mit der Bahn in einer halben Stunde dorthin.

Reste der mittelalterlichen Stadtmauer, die aus Feldsteinen errichtet wurde, findest du heute entlang der Waisenstraße.

Das große Feuer

Eine Stadtmauer nützte allerdings nichts gegen Feinde, die nur schwer zu bekämpfen waren. Immer wieder wurde die Stadt im Mittelalter von der Pest heimgesucht. Viel schlimmer als die Pest wütete 1380 im Berliner Teil eine riesige Feuersbrunst, die fast die gesamte Stadt mit allen Kirchen und Häusern einäscherte. Tausende von Menschen kamen damals ums Leben. Ein Ritter wurde als Brandstifter entlarvt und hingerichtet. Der einsichtige Landesfürst erließ den ruinierten Bürgern damals für drei Jahre alle Steuern.

Wie ein bunter Teppich

Berlin ist im Mittelalter wie ein riesiger Flickenteppich gewachsen und immer größer geworden. Im Laufe der Zeit wurden ständig neue Gemeinden angegliedert. So auch die alten Siedlungen des Templerordens Mariendorf, Marienfelde und Tempelhof. Berlin war damals eine Bürgerstadt, weil die Bürger unabhängig waren und selbst das Sagen hatten. Die Stammsitze der Markgrafen und Kurfürsten lagen meist weit entfernt, in Sachsen, Franken oder Luxemburg.

Jede Menge Ottos

Viele dieser Herrscher hatten lustige Beinamen. Sie hießen Albrecht der Bär oder Friedrich der Fette. Auch viele Ottos waren darunter: Otto der Faule, Otto der Lange oder Otto der Fromme. Es gab auch einen Askanierfürsten Otto mit dem Pfeil. Der hieß so, weil er über ein Jahr lang einen Pfeil im Kopf herumtrug, von dem er einst getroffen wurde.
Das Ende der Bürgerstadt kam mit dem Hohenzollernfürsten Friedrich II., der den Beinamen Eisenzahn trug. Er ließ als Erster ein Schloss in der Stadt bauen, das allerdings eher einer Trutzburg glich. Berlin wurde damit 1451 erstmals zur Residenzstadt. (Mehr über das Schloss erfährst du in einem Rundgang, siehe R3.)

Im Museumsdorf Düppel kannst du eine Zeitreise ins Mittelalter machen und sehen, wie die Menschen damals lebten.

Berlin platzt aus allen Nähten

Berlin hatte um 1550 über 12.000 Einwohner. Innerhalb der Stadtmauer war es längst zu eng geworden.

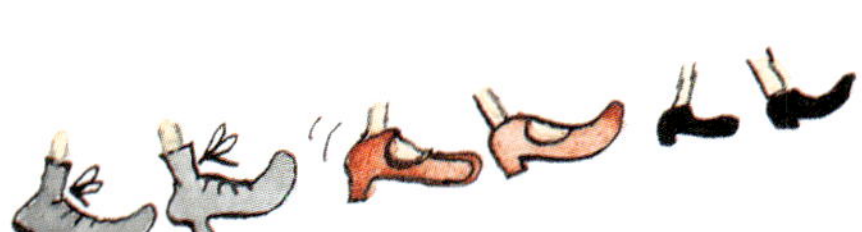

Denn mit Beginn des Schlossausbaus auf der Spreeinsel waren immer mehr Zuwanderer in die Stadt geströmt. Vor allem Maurer, Gärtner und Steinmetze waren damals heiß begehrt, weil auch viele Wohnhäuser, Brücken, Brunnen und Gärten gebaut wurden. Die kurfürstliche Residenzstadt glich bald einer riesigen Baustelle. Zwei- bis dreigeschossige Steingebäude im Barockstil ersetzten die kleinen stroh- oder schindelgedeckten Fachwerkhäuser. Das Mittelalter verschwand rasend schnell aus Berlin.

Ein Turm versinkt

Gebaut wurde viel. Doch der sumpfige und morastige Untergrund machte selbst den besten Architekten zu schaffen. Als der Schlossbaudirektor den Auftrag erhielt, einen Wasserturm zu erhöhen, gab der weiche Boden dem hohen Druck nach. 60 Meter Turm rauschten in die Tiefe und der Baumeister fiel in Ungnade. Der gestürzte Wasserturm war gleichzeitig auch Münzturm, und so verlor Berlin kurzfristig seine Münzwerkstatt, die oben im Turm untergebracht war.

Die Residenzstadt wird zur königlichen Hauptstadt

Seit 1701 war das Zeitalter der Kurfürsten vorbei, denn Berlin bekam einen König und wurde Hauptstadt von Preußen. Vor den Toren der Stadt ließ König Friedrich I. nun Schlösser und prächtige Gärten bauen, weil er dem französischen Hof und dem dortigen Sonnenkönig nacheiferte. In Berlin wurde damals viel getanzt und gefeiert. Wenn du einmal sehen möchtest, wie die Könige damals gelebt haben, so schau dir das Schloss Charlottenburg an. Es hat alles, was zu einem wirklichen Schloss gehört: glitzernde Spiegelsäle, plüschige Barockmöbel, riesige Gemälde, lange Gänge, kostbare Porzellanvasen und einen gigantisch großen Garten. Natürlich sah die Stadt nicht überall so pompös aus. Zwar waren viele Straßen nun abends durch Laternen beleuchtet, doch in den Gassen und Hinterhöfen stank es immer noch,

wie im Mittelalter, erbärmlich nach Dreck und den Hinterlassenschaften der Menschen. Eine Müllabfuhr, den sogenannten Modderkarren, konnten sich nicht alle Berliner leisten. Mit dem Wohlstand war auch die Armut in die Stadt gekommen. Es gab immer mehr Bettelhäuser.

Blumenkohl und Spargel kommen

Zu den beliebtesten Siedlern der neuen Hauptstadt zählten die französischen Hugenotten. Obwohl sie zur Zeit des Kurfürsten als arme protestantische Flüchtlinge nach Berlin gekommen waren, wohnten viele bald in der Nähe des königlichen Hofes. Die Hugenotten wurden von den Herrschern umworben, weil sie geschickte Handwerker waren und feine Sitten nach Berlin brachten. Ihnen haben die Berlinerinnen die ersten seidenen Strümpfe zu verdanken, und in den

Restaurants lag plötzlich zartes französisches Gemüse wie Blumenkohl und Spargel auf dem Teller. Die Hugenotten waren sehr tolerant und beeinflussten mit ihren neuen Gedanken auch das Leben der Gelehrten. Um 1700 war jeder siebente Berliner ein Franzose.

Die französische Stadt

Einige Gebäude, Parks und Schlösser in Berlin tragen heute noch französische Namen wie die Charité, das Schloss Bellevue und der Monbijou-Park. Aus der französischen Sprache haben sich auch einige Ausdrücke in der Berliner Mundart erhalten. So essen die echten Berliner ihre Bulette noch heute gerne aus der Lamäng, also direkt aus der Hand. Auf Französisch schreibt man Lamäng übrigens *á la main.*

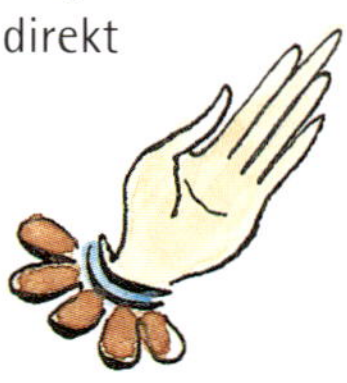

Sänften und Droschken

Zu Beginn des 18. Jahrhunderts flanierten Damen und Herren in piekfeiner Kleidung durch die Grünanlagen und Reiter trabten auf edlen Rössern über die Parkchausseen. Der erste öffentliche Nahverkehr Berlins bestand aus hugenottischen Sänftenträgern, die wohlhabende Bürger auf luxuriös gepolsterten Stühlen durch die Stadt schweben ließen. Auf den gepflasterten Hauptstraßen holperten zweipferdige Fiaker und einpferdige Droschken herum. Weil das Pferdegetrappel in der Innenstadt immer lauter wurde und es zu zahlreichen Unfällen kam, verfügte der König die erste Geschwindigkeitsbegrenzung Berlins. Er ließ für Pferde den Galopp verbieten.

Schluss mit Tanz und Musik

Noch mehr Verbote gab es dann unter dem nächsten König, der auch Soldatenkönig genannt wurde. Friedrich Wilhelm hatte nämlich keine Lust aufs Tanzen, Singen und Musizieren. Er mochte auch keine Feste, keine Kunst und kein Theater. Also wurden die Hofmaler und -musiker entlassen und die Opernhäuser und Theater geschlossen. Selbst die Blumen und Bäume im Lustgarten ließ er ausreißen, um ihn in einen Exerzierplatz zu verwandeln. Denn Soldaten waren das Einzige, woran sich der König richtig erfreuen konnte. Ganz besonders mochte er die langen Kerls seiner Leibgarde, die mindestens 1,88 Meter groß sein mussten. Friedrich Wilhelm war auch sehr sparsam und praktisch. So forderte er alle Berliner auf, viel Bier zu trinken, damit man nicht noch mehr teuren Tee in Asien einkaufen musste.
(Mehr über den Lustgarten erfährst du im Rundgang R 3.)

Der Alte Fritz

Unter seinem Sohn, Friedrich dem Großen, den man später liebevoll nur den Alten Fritz nannte, wurde dann wieder alles ganz anders. Der liebte nämlich die Musik sehr, spielte selbst sogar Querflöte und komponierte. Er machte den Berlinern eine neue Frucht schmackhaft, die sich Kartoffel nannte, schaffte die Folter ab und verteilte an alle Berliner kostenlose Samen für Maulbeerbäumchen und kleine Eier des

Seidenspinners. So war es jedem Bürger möglich, selber ein wenig Seide zu produzieren. Vorausgesetzt, er hatte einen eigenen Garten.

Obwohl der Alte Fritz einige Kriege führen musste, erlebte Berlin unter ihm eine Blütezeit der Wissenschaft und der Kunst. Die Architektur wurde prunkvoll und auch sehr verspielt, wie man an der Fassade des Kronprinzenpalais und der Staatsoper sehen kann. Weil man für neue Siedler immer mehr Platz benötigte, hatte man die alte Stadtmauer bereits abgerissen und, viel weiter draußen, durch eine Zollmauer ersetzt. Berlin hatte zeitweise 14 Stadttore, von denen viele heute noch bekannt sind, wie das Brandenburger Tor, das Hallesche Tor oder das Schlesische Tor. (Mehr über das Brandenburger Tor erfährst du in einem Rundgang, siehe R 2.)

Der Mann mit der Säule

Durch das westlichste dieser Tore, nämlich durch das Brandenburger Tor, ritt 1806 ein Heer mit einem berühmten Franzosen ein, den man auch deshalb gut kennt, weil er eine Hand immer gerne im Mantelrevers versteckte. Die Truppen von Napoleon Bonaparte besetzten die Stadt zwei Jahre lang.
Nachdem sich die französischen Soldaten in Berlin umgeschaut hatten, tat es einige Jahre später ein Berliner in Paris ebenfalls. Und er hatte dabei eine gute Idee. Herrn Ernst Litfaß gefiel es nämlich, wie die Pariser ihre Plakate fein säuberlich an bestimmten Stellen aufhängten. In Berlin war das ganz anders. Hier hatte jeder Unternehmer, jeder Erfinder und jedes Theater ständig etwas Neues anzukündigen und überall waren die Häuserwände und Mauern völlig zuplakatiert. Ein Ende fand diese wilde Zettelwirtschaft erst, als Herr Litfaß in der ganzen Stadt Säulen aufstellen ließ. Nur dort durfte jetzt noch die Werbung der Theater, Zirkusse und Seifenhersteller hingehängt werden.

Die Kremser

Neben der Litfaßsäule gab es aber noch viele andere Neuerungen im 19. Jahrhundert. Statt der hugenottischen Sänftenläufer sah man nun Pferdeomnibusse herumfahren. Die hießen früher wirklich so, erst später nannten die Berliner sie Kremser. Heute noch sind die Kremser vor allem am Vatertag im Einsatz. Dann lassen sich bis zu zehn fröhliche Männer gleichzeitig in einem geschmückten Wagen von zwei Pferden durch die Stadt ziehen.
Damals konnte eine Kremserfahrt zum Beispiel vom Tiergarten zum Zoologischen Garten führen. Allerdings war der Tiergarten damals gar kein richtiger Tiergarten, sondern hieß nur so, weil es dort zur Zeit der Kurfürsten ein Jagdrevier mit Hirschen und Wildschweinen gab. Im Berliner Zoo jedoch, dem ersten Deutschlands, liefen im Jahr 1844 wirklich Tiere herum. Sogar sehr exotische wie Pfauen, Lamas und Wasserbüffel.
(Wieso das die ersten Tiere im Berliner Zoo waren und was sie mit der Pfaueninsel zu tun haben, erfahrt ihr in den Rundgängen R 4 und R 5.)

Ein Vater für die Turner

Während die Berliner mit den vielen Erfindungen, wie den neuen Gaslaternen, der ersten Dampflokomotive Europas und den hübschen Schrebergärten sehr zufrieden waren, konnten sich die preußischen Könige mit einer Neuerung zunächst einmal gar nicht anfreunden, nämlich mit dem Turnen.
Auch das Turnen musste ja erst einmal erfunden werden. Dies tat ein Berliner und der hieß Friedrich Ludwig Jahn. Doch die Zappeleien und Verrenkungen, die dieser Turnvater Jahn in einem Park namens Hasenheide vollführte, waren den preußisch exakten Herrschern gar nicht recht und sehr suspekt. Das änderte sich auch nicht, als die Berliner scharenweise anfingen, öffentlich Kniebeugen und Liegestütze in Parks zu machen. So etwas Verrücktes wie Sport konnte man sich in den Schlössern der Stadt damals eben noch nicht vorstellen. Und so wurde das öffentliche Turnen einfach verboten. Zu Hause aber turnten viele Berliner einfach weiter.

Die Kaiserstadt

In Preußen und vor allem in Berlin musste damals alles seine Ordnung haben. Die Dinge mussten an ihrem richtigen Platz sein. Auch die Menschen. Die Ärmeren von ihnen wohnten in der sogenannten Gründerzeit ab 1870 in den Hinterhöfen oder im Souterrain. Wieder ein französisches Wort, das sich bis heute in Berlin erhalten hat. Das Souterrain liegt zwischen dem Keller und dem Erdgeschoss, also halb unter der Erde. Noch heute kannst du in Kreuzberg, Mitte oder am Prenzlauer Berg einige dieser dunklen Zwischengeschoss-Wohnungen sehen. Du erkennst sie an den engen, steilen Treppchen und den winzigen Fenstern, die direkt auf der Höhe des Bürgersteigs liegen.

Die wohlhabenden Berliner lebten über dem Souterrain in der Beletage. Noch so ein französisches Wort. Wörtlich übersetzt heißt es »schöne Etage«. Während unten Dienstboten, Kohlehändler oder Schuster im Dunklen saßen, flutete oben das Licht durch große Fenster in die hohen Beletage-Wohnungen. Diese waren reich mit Stuck verziert, hatten Balkone und mit Säulen, Figuren und Ornamenten verzierte Außenfassaden.

Volldampf voraus!

Nach einem Krieg gegen die Franzosen, die man doch früher so bewundert hatte, wurde alles noch ordentlicher. Denn nun hatte Berlin einen Kaiser. Einen sehr ordentlichen. Und um so korrekt wie die Preußen zu sein, muss man hinzufügen, dass es im Jahr 1888 sogar drei Kaiser in einem einzigen Jahr gab. Der letzte von ihnen, Kaiser Wilhelm II., zwirbelte seine Bartspitzen gerne ganz exakt und steil nach oben. Ein Zeichen dafür, dass es aufwärts ging. Sein Lieblingsspruch hieß »Volldampf voraus« und Berlin machte mächtig Dampf. Überall entstanden Fabriken und Hallen, in denen gewerkelt, geschuftet und produziert wurde.

Flugmaschinen und Kängurus

Die erfindungsreichen Berliner probierten gerne neue Dinge aus. Der Ingenieur Otto Lilienthal machte die ersten Flugversuche, die ersten Filmvorführungen der Welt fanden in einem Lokal statt, das sich Prater nannte, genau wie der berühmte Prater in Wien. Hier fanden auch Boxkämpfe zwischen Männern und Kängurus statt.

Man liebte Bier mit Himbeer- oder Waldmeistersirup und baute die erste U-Bahn zwischen der Haltestelle Warschauer Straße und dem Zoologischen Garten. Sie galt lange Zeit als die pünktlichste U-Bahn der Welt.

Es ging damals sehr preußisch zackig und exakt zu. Denn schließlich war das Leben in Berlin meist eine sehr ernste Angelegenheit. Das änderte sich grundlegend, als ein kleiner Mann aus Köpenick den Berlinern und ihrer pingeligen Obrigkeit zeigte, dass man auch über sich selber lachen kann.

Ein seltsamer Hauptmann

Der Schuster Friedrich Wilhelm Voigt hatte sich in einem Krämerladen die Uniform eines preußischen Hauptmanns gekauft, dazu die passende Militärkappe und gute Schuhe. So verkleidet und wegen seines schmissigen Befehlstons war er recht überzeugend. Als falscher Hauptmann zog er mit einigen Soldaten ins Rathaus von Köpenick, ließ einfach den Bürgermeister verhaften und sich die Stadtkasse mit 4000 Mark aushändigen. Alle folgten brav seinen Befehlen. Nicht nur die Berliner, sondern selbst der Kaiser soll laut gelacht haben über diesen gelungenen Streich. Nach kurzer Haft wurde der »Hauptmann von Köpenick« eine berühmte Berliner Figur, wurde Romanstoff, verfilmt und sogar im fernen Amerika berühmt.

In voller Schummel-Uniform kannst du den »Hauptmann von Köpenick« heute als Denkmal vor dem Köpenicker Rathaus sehen. Es steht in der Rosenstraße, Ecke Alt Köpenick.

Die deutsche Republik

Fröhlich ging es dann in Berlin eigentlich erst nach dem Ersten Weltkrieg weiter. Der Kaiser hatte abgedankt und in Berlin wurde die erste Deutsche Republik verkündet. Gewählte Vertreter kümmerten sich nun um die Wünsche der Bürger. Berlin konnte noch einmal so

richtig tief durchatmen und feiern, bevor es wirklich schlimm kommen würde.

Die Goldenen Jahre

Die pfiffig-freche Berliner Schnauze, die Mundart der kleinen Leute, hatte in den Goldenen Zwanziger Jahren längst auch auf den Theaterbühnen Berühmtheit erlangt. Man sang Gassenhauer, beliebte Berliner Lieder, die jeder kannte, und zog gerne auch einmal andere durch den Kakao. Fühlte sich ein Berliner allerdings zu sehr »verkassematuckelt«, konnte er ziemlich pampig werden. »Du has ooch noch keen nackten Mann ´n Bonbon an´t Hemde jeklebt.« Also veralbern kannst du dich selber.

Berlin wurde zwischen den Weltkriegen eine flotte Weltstadt. Es hatte über vier Millionen Einwohner und es gab nun wirklich jede Menge zu gucken. Varietés schossen aus dem Boden, man raste auf einer eigenen Rennstrecke, der AVUS, mitten in der Stadt. Auf der Funkausstellung 1935 wurde das erste Fernsehprogramm der Welt ausgestrahlt. Man hatte mit dem KaDeWe, dem Kaufhaus des Westens, eines der größten Kaufhäuser und mit dem Kurfürstendamm eine der längsten Prachtstraßen Europas.

Finstere Jahre

Doch als weltberühmte Forscher wie Albert Einstein begannen, Berlin zu verlassen und aus Übersee nicht wieder zurückkamen, konnte man schon ahnen, dass irgendetwas nicht mehr so richtig lustig und fröhlich war in dieser Stadt. Darüber konnten auch die Olympischen Spiele nicht hinwegtäuschen, die 1936 in Berlin stattfanden. Adolf Hitler und die Nationalsozialisten waren 1933 an die Macht gekommen. Sie planten die Ausrottung der jüdischen Bevölkerung, ihr größenwahnsinniger Traum war der von einem Großdeutschen Reich.

Dieses Reich, mit Berlin als Hauptstadt, sollte bis weit nach Russland reichen. Die Vernichtungskriege der Nationalsozialisten forderten Millionen von Toten in Europa. Viele Städte lagen in Schutt und Asche, nicht nur Berlin.

Böses Erwachen

Nach dem Krieg und der Befreiung durch die Siegermächte glich Berlin einer einzigen Trümmerlandschaft. Es gab über 600.000 zerstörte Wohnungen. Nur noch 2,8 Millionen Menschen lebten in der Stadt. Da viele Männer im Krieg gefallen waren, räumten nun nach 1945 vor allem Frauen den Schutt weg und übernahmen die Aufbauarbeit. Ohne die Tag und Nacht arbeitenden Trümmerfrauen wäre Berlin noch lange eine riesige Ruine geblieben.

In der Hasenheide und vor dem Roten Rathaus findest du Denkmäler, die an die 60.000 Berliner Trümmerfrauen erinnern.

Ein Land wird geteilt

Die Siegermächte, auch Alliierte genannt, teilten das ehemalige Deutsche Reich in Besatzungszonen auf. Vier Jahre nach Kriegsende gab es zwei deutsche Staaten, die Deutsche Demokratische Republik, kurz DDR, und die Bundesrepublik. Und auch Berlin war nun zweigeteilt. Während die zwei deutschen Länder entstanden, kämpften die Alliierten im sogenannten »Kalten Krieg« weiter verbissen um Einfluss und Macht.

Rosinenbomber

So kam es 1948 zur Blockade Westberlins durch die Sowjetunion. Westberlin lag wie eine Insel mitten in der DDR und wurde von jeder Versorgung über Land abgeschnitten. Die westlichen Besatzungsmächte USA, Großbritannien und Frankreich entschlossen sich, der Stadt mit einer sogenannten Luftbrücke zu helfen.

Alle fünf Minuten landeten Flugzeuge auf dem Flughafen Tempelhof und brachten den Westberlinern Nahrungsmittel, Seife und Decken.

Ein amerikanischer Pilot kam auf die Idee, Süßigkeiten an kleine, selbst gebastelte Fallschirme zu hängen und sie vor der Landung abzuwerfen. Bald schon folgten andere Piloten seinem Beispiel. Die Flugzeuge nannte man Rosinenbomber und Kinder rannten zum Tempelhofer Flugfeld, um purzelnde Kaugummis oder fliegende Schokolade zu ergattern.

Die große Mauer

Eine fast vier Meter hohe Mauer trennte Berlin ab 1961 in zwei Teile. Bald war es Ostberlinern nicht mehr möglich, Freunde oder Verwandte in Westberlin zu besuchen. Und umgekehrt war es auch für Westler sehr schwierig, in den Osten zu kommen. Die berühmt-berüchtigte Mauer sollte die Stadt fast 30 Jahre lang teilen. (Über die Mauer und die Flucht von Menschen aus Ostberlin erfahrt ihr mehr in R 1, R 2 und R 3.)

Eine große, geeinte Stadt

Die Wunden des Krieges begannen erst nach dem Mauerfall 1989 und der deutschen Wiedervereinigung 1990 langsam zu verschwinden. Heute ist Berlin längst wieder eine muntere und fröhliche Stadt. Berliner packen gerne die Badehose ein, um im Wannsee oder Müggelsee schwimmen zu gehen.

In Berlin gibt es einen eigenen Karneval und spätestens seit den ausgelassenen Fanmeilen der Fußball-WM 2006 kennt alle Welt das Herz und den Humor der Berliner. Auch ist wieder jüdische und französische Lebensart in die Stadt zurückgekehrt. Die wunderschöne Synagoge in der Oranienburger Straße solltest du dir auf keinen Fall entgehen lassen. Und falls du einmal auf einem der vielen neuen, bunten Feste mithüpfen oder musizieren möchtest, komm doch einfach zum Festival der Straßenmusik, der Fête de la Musique, Anfang des Sommers nach Berlin. Dann kannst du mit eigenen Augen sehen und mit eigenen Beinen ertanzen, wie lustig es jetzt in der Stadt zugeht.

Tränenpalast
Di-Fr 9-18h

vhs

...ln, Schokolade und ...rseeboote

...kt zum Checkpoint Charlie

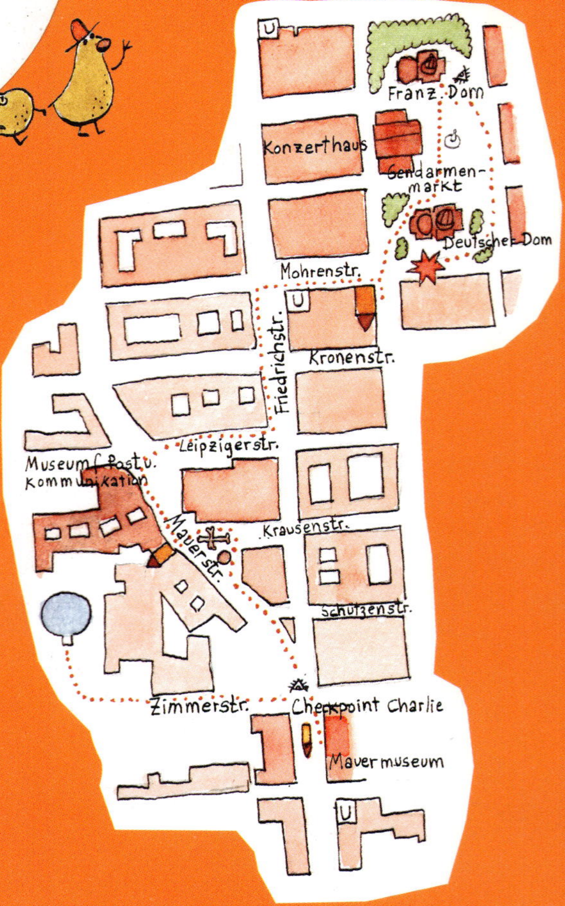

Ausgangspunkt
Gendarmenmarkt
U-Bahn (U2, U6): Stadtmitte
Bus (147): Französische Straße

Der schönste Platz Berlins
liegt im Stadtteil Mitte und heißt Gendarmenmarkt. Das behaupten zumindest die Berliner, und solange niemand einen anderen Platz entdeckt hat, der noch schöner ist, stimmt das wohl auch.

Die ersten Tartoffeln Berlins
wurden früher hier verkauft, als die Kartoffel in Berlin noch mit einem T begann. Namen ändern sich eben im Laufe der Geschichte und so heißt der alte Gemüsemarkt, auf dem die Tartöffelchen verkauft wurden, auch nicht mehr Lindenmarkt, sondern Gendarmenmarkt.

Wachleute findet man nicht
auf dem Gendarmenmarkt, dafür aber jede Menge Touristen, Pferdetaxis und Fahrradrikschas, die in Berlin auch Velotaxi genannt werden. Von der U-Bahn sind es nur einige Schritte und du siehst einen riesigen bunten Bären, der die Arme in die Luft streckt. Du brauchst also kein Velotaxi, um ihn zu erreichen. Von diesen bunten Riesenbären gibt es jede Menge in Berlin. Den Bären am Gendarmenmarkt kann man gut von allen anderen Bären unterscheiden: Er trägt eine lustige Giraffe auf dem Po.

Der Deutsche und der Französische Dom
neben dem Konzerthaus sehen aus wie Spiegelbilder oder wie Zwillinge. Friedrich der Große, den die Berliner so gerne den Alten Fritz nannten, ließ die Kuppelbauten anfertigen, weil er Zwillingskirchen so hübsch fand. Doch zwischen den Domen gibt es auch einige Unterschiede. Wer um 12, 15 oder 19 Uhr auf dem Gendarmenmarkt ist, kann sogar einen Unterschied hören. Denn dann erklingt (nur) im Französischen Dom ein Glockenspiel aus 60 verschiedenen Glocken.

Religionsfreiheit

Versuche einmal am Eingang des Französischen Doms die Figur eines Herrn mit Turban zu finden. Er ist ein Symbol für die Religionsfreiheit, die der Alte Fritz im 18. Jahrhundert allen Menschen gewährte. Denn ihm war es egal, ob jemand Katholik, Lutheraner, Reformierter, Jude oder Moslem war. Sein Motto lautete: Jeder solle nach seiner eigenen Art, »nach seiner eigenen Façon glücklich werden«.

Alles ratzekahl verändert

Aus diesem Grund kamen auch die Hugenotten, Religionsflüchtlinge aus Frankreich, so gerne nach Berlin. Im Hugenottenmuseum im Französischen Dom wird ihre Geschichte gezeigt. Das französische Wort »radical« wurde in der Berliner Mundart etwas verändert. Das Leben der Berliner hatte sich durch die Hugenotten einfach »ratzekahl« verändert. Der Alte Fritz bedankt sich dafür auf einer Plakette draußen am Dom.

Berliner Schleckermäuler

Besonders gewundert hat sich der Alte Fritz darüber, wie die Hugenotten es schafften, Tabak, Artischocken und grüne Erbsen auf dem kargen märkischen

Sandboden anzubauen. Auch Blumenkohl, Schwarzwurzel, Spargel und Pfirsiche hatten die Berliner, bevor die französischen Hugenotten in ihre Stadt kamen, noch nie gesehen. Da auch die Kartoffel neu war, muss man sich wirklich fragen, was die Berliner denn vorher überhaupt gegessen haben.

Apropos Kartoffel

Die Kartoffel spielte später noch einmal eine wichtige Rolle auf dem Gendarmenmarkt. Denn im 19. Jahrhundert fand hier eine Kartoffelrevolution statt. Dabei haben aber die Menschen nicht etwa mit Kartoffeln um sich geschmissen, sondern die Berliner gingen wegen einer Missernte vor lauter Hunger auf die Straße und protestierten.

Konzerte und Feste

finden heutzutage nicht nur im Konzerthaus, sondern auch draußen, auf dem großen Platz statt.

Sehr hübsch sieht der Gendarmenmarkt am Abend aus, wenn die alten Laternen leuchten. Aber die leuchten seltsamerweise auch alle tagsüber. Wahrscheinlich, um dem Platz andauernden Glanz zu verleihen.

Auf dem Dach des großen Konzerthauses kannst du zwei Greife sehen, die einen Streitwagen mit dem Gott Apollon ziehen. Denn der Architekt und Maler Schinkel war ein Liebhaber des Theaters. Darum hat er überall an der Fassade Figuren aus der Mythenwelt angebracht. Die beiden Greife mit ihren aufgerissenen Vogelmäulern und nach vorne gestreckten Pranken musste er jedoch ganz nach oben auf den Dachfirst stellen, weil die Berliner sich sonst gefürchtet hätten. Aus der Nähe oder durch ein Fernglas betrachtet, sehen sie wirklich ziemlich gruselig aus.

Ein Greif ist ein Misch- und Fabelwesen. Zum Beispiel ein Löwe mit einem Adlerkopf. Stell dir doch selbst einmal ein Fabelwesen oder einen Greif aus diesen Tieren hier zusammen.

Außer einem Panther findest du auf dem Gendarmenmarkt auch jede Menge Löwenköpfe. Leider müssen diese Löwen von morgens bis abends hart arbeiten. Wer sich für diese Arbeit bewerben möchte, sollte ein extrem gutes Gebiss haben! Denn alle Löwenköpfe, die du hier findest, tragen schwere, dicke Metallketten in ihren Mäulern.

Wie viele Löwenköpfe findest du vor dem Konzerthaus?

Schokoträume

Hinter dem Deutschen Dom siehst du Fassbender & Rausch, das größte Schokoladenhaus der Welt. Der Chocolatier Fassbender war früher einmal königlicher Hoflieferant und hat die gekrönten Häupter und ihre Familien mit seinen wunderbaren Erfindungen aus Nougat und Schokolade fast um den Verstand gebracht.

Wohl auch einen hungrigen Kunden, der die Nase der Figur über der Eingangstür angeknabbert hat. Siehst du sie?

Süße Gebäude

Das Brandenburger Tor, den Reichstag oder die Gedächtniskirche wirst du zwar erst später, in anderen Rundgängen sehen. Doch im Schokoladenhaus kannst du dir diese Berliner Gebäude schon einmal ganz aus der Nähe anschauen. Allerdings sind sie völlig aus Schokolade gemacht und leider ist das Berühren und Naschen verboten. Auch den blubbernden Schoko-Vulkan und die

Schoko-Riesenbären darfst du nicht anknabbern. Doch oben, im Schokoladen-Restaurant, ist Naschen erlaubt.

Freundlicher Roboter

Das Museum für Kommunikation erkennst du schon von Weitem an den drei Männern auf dem Dach, die sich mit einer riesigen Weltkugel abmühen. Unten im Lichthof wirst du von drei lustigen Hausrobotern begrüßt, die aussehen wie Küchenwaagen oder Riesenstaubsauger. Sie tragen seltsame Namen wie »Mach was«, »Komm rein« und »Also gut«.

Einer dieser Roboter ist sehr freundlich und begrüßt die Besucher gerne persönlich. Versuche einmal herauszufinden, welcher der Roboter das ist.

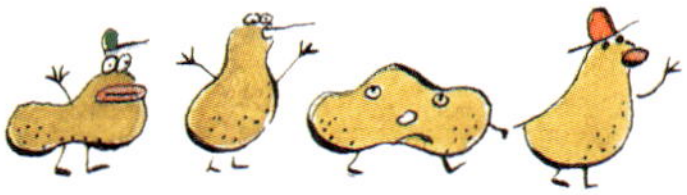

Schwarze Höhle

Im Keller des Museums kommst du durch einen Gang in eine dunkle Höhlenwelt. Bleibst du dort vor einer der Säulen stehen, erfährst du, warum das billigste Schwimmbad Deutschlands nur sechs Kreuzer gekostet hat oder kannst die blaue Mauritius-Briefmarke bewundern, eine der wertvollsten Briefmarken der Welt. Falls du noch keine 15 Jahre alt bist, kostet dich der ganze Spaß keinen müden Cent.

Berühmte Straße

In der Mauerstraße haben früher viele berühmte Menschen wie Clemens Brentano, Heinrich von Kleist oder Heinrich Heine gewohnt. Heute drängen sich die meisten Besucher Berlins lieber auf den Gehsteigen und in den Geschäften der benachbarten Friedrichstraße. Du kannst die ruhige, hübsche Mauerstraße mit den restaurierten alten Häusern auf der rechten Seite also ganz in Ruhe entlangschlendern.

Ein riesiges rundes Paket

Wenn es ein Fundbüro für Riesen gäbe, so wäre dort wahrscheinlich längst die große verschnürte Kugel abgegeben worden, die man in der Mauerstaße finden kann. In diesem Rundpaket sind kunterbunte Stühle, Leitern und anderer Hausrat verschnürt. Das Kugelkunstwerk heißt *Houseball* und soll einige der Sachen darstellen, die ein Flüchtling auf seiner Flucht mitnehmen würde oder zurücklassen muss. Es erinnert an das Leid von Exilanten, die 1737 aufgrund ihres Glaubens aus ihrer Heimat Böhmen vertrieben wurden.

Kannst du dir denken, warum der Künstler Claes Oldenburg auch eine Wolke mit in dieses Paket geschnürt hat?

Finde heraus, welche der hier gezeichneten Objekte nicht mit auf der Kugel sind.

Kirchenlabyrinth

Gleich neben der Riesenkugel sind die Umrisse der alten Böhmischen Bethlehemskirche auf dem Boden zu sehen. Wenn du möchtest, kannst du den gesamten Grundriss einmal entlang balancieren oder abhüpfen. Drüben, auf der anderen Straßenseite, im Haus 77, hatte vor langer Zeit ein Handwerker seine Werkstatt. Auf einem Schild siehst du ihn bei seiner Arbeit.

Welchen Beruf hatte er wohl?

Achtung: Vergangenheit!

Einige Pflastersteine noch und du bist am Checkpoint Charlie. Ein Checkpoint ist ein Kontrollpunkt und Charlie ist der berühmteste von ganz Berlin. Heute erinnern ein nachgebautes Grenzhäuschen, Sandsäcke und verkleidete Wachposten an diesen berüchtigten Grenzübergang. Doch keine Angst, die heutigen Grenzposten sind sehr freundlich. Du kannst dir bei ihnen alte Visa (das sind Einreisestempel) und DDR-Stempel besorgen.

Welchen dieser Stempel würdest du gerne im Pass haben? Wenn dir keiner der beiden gefällt, kannst du ja selber einen malen.

Der eiserne Vorhang

Deutschland war 1961 bereits ein geteiltes Land. Doch an eine Mauer dachten die Menschen weder im Osten noch im Westen. Auch das Staatsoberhaupt der Deutschen Demokratischen Republik, der DDR, Walter Ulbricht, hatte versprochen, keine Mauer zu bauen. Doch dann waren es wohl zu viele Menschen, die aus dem Osten in den freien Westen flüchteten.

Gefährliche Sackgasse

Also wurde Westberlin eingemauert. Auch die lebhafte Friedrichstraße bekam eine 3,60 Meter hohe Mauer und wurde für die Menschen zu einer Sackgasse. Kurz nach dem Mauerbau standen sich am Checkpoint Charlie amerikanische und russische Panzer mit scharfer Munition gegenüber. Nur 200 Meter voneinander entfernt. Die ganze Welt hielt damals den Atem an, weil sie Angst vor einem dritten Weltkrieg hatte.

Heißluftballons und Unterseeboote

Natürlich wollten viele Ostdeutsche lieber im freien Westen leben und kamen dabei auf viele pfiffige Fluchtideen. In ihrer Verzweiflung gruben einige Tunnel, andere bauten Mini-U-Boote oder Segel-Drachen. Im Mauermuseum kannst du dir ansehen, wie jemand aus einem kleinen Auto, dem Trabant, ein Fluchtflugzeug baute.

Versuche am Ausgang herauszufinden, wo Georg Ehret seine Freundin im Auto versteckte.

Falls du dir Berlin gerne einmal von oben anschauen möchtest, kannst du in der Zimmerstraße in einen Heißluftballon steigen. In dieser Straße steht auch noch ein kleines Stück der originalen Berliner Mauer.

2. Rösser, Tauben und eine schwangere Auster

Vom Brandenburger Tor zum Haus der Kulturen

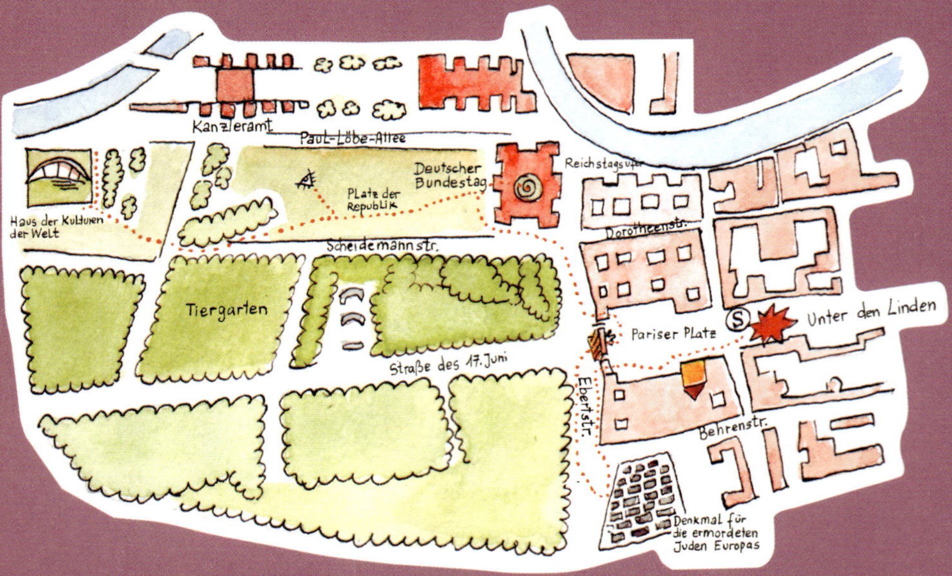

Ausgangspunkt
Unter den Linden
S-Bahn (S 1, S 2, S 25): Unter den Linden
Bus (TXL, 100): S-Bahnhof Unter den Linden

Ein schmaler Reitweg

war die Prachtstraße Unter den Linden früher einmal. Im 16. Jahrhundert ritten hier die Kurfürsten auf prächtigen Rössern vom Stadtschloss in den Tiergarten zur Jagd. Die Pferde, die man heute hier sieht, ziehen Kutschen über den Pariser Platz. Die schönen sandigen Reitwege gibt es leider nicht mehr. Nur noch harten Asphalt, der den Pferdehufen aber gar nicht gut bekommt.

Vom Hotel Adlon aus

kannst du einige Rösser sehen, denen der Asphalt nichts ausmacht, weil sie gar nicht auf der Straße laufen. Vielleicht hast du sie ja schon oben auf dem Brandenburger Tor entdeckt. Aber schau dich ruhig noch ein wenig in der Empfangshalle des berühmten Hotels um. Über den roten Teppich sind schon Charlie Chaplin, Marlene Dietrich und einige echte Maharadschas gelaufen. Auch du kannst hier gerne mal ein wenig Star spielen.

Vier schnaubende Rösser

Sicherlich ist das schöne Pferdegespann ein Grund, weshalb das Brandenburger Tor zum bekanntesten Wahrzeichen Berlins und zu einem nationalen Symbol der Deutschen geworden ist. Doch auch anderen hat die berühmte *Quadriga* mit den vier Pferden ziemlich gut gefallen. So wurde sie von Napoleon samt Streitwagen abmontiert und nach Paris gebracht. Doch als der französische Kaiser bei Waterloo besiegt wurde, kam die Quadriga zurück nach Berlin. Aus der Friedensgöttin wurde eine Viktoria, eine Siegesgöttin, und den Platz vor dem Tor nannten die Berliner seitdem stolz Pariser Platz.

Wenn du unter der Quadriga stehst und zu den Pferden hinaufschaust, wird dir immer eines der Tiere genau in die Augen schauen. Du musst allerdings ein wenig hin und her gehen. Bei einem der vier Pferde klappt dieser Trick jedoch nicht. Welches Pferd könnte das sein?

Ab in die Zeitmaschine

Du stehst jetzt mitten in Berlin. Wenn du jedoch in eine Zeitmaschine steigen könntest, die dich ins Jahr 1740 zurückbringen würde, so ständest du plötzlich am Rand der Stadt. Das Brandenburger Tor war damals nur eines von vielen ganz normalen Stadttoren. Wenn man durch dieses Tor nach Berlin wollte, musste man seine Papiere vorzeigen oder als Händler Zölle bezahlen. Heute läufst du einfach so oft hindurch wie du möchtest, alles kostenlos und umsonst.

Der Eiserne Gustav

Natürlich hat so ein bedeutendes Tor viele schöne und weniger schöne Geschichten erlebt. Eine der schönsten ist die vom Pferdekutscher, den man später den Eisernen Gustav nannte. Weil es 1928 immer mehr Automobile in Berlin gab und immer weniger Menschen mit der Pferdekutsche fahren wollten, stieg Gustav Hartmann in seine Droschke und fuhr aus Protest mit seinem Pferdegespann bis nach Paris.

Diese Fahrt dauerte über zwei Monate und die Menschen unter dem Eiffelturm jubelten dem zähen Kutscher zu. In Berlin war er längst zu einer Legende geworden, denn ein cleverer Reporter berichtete von dieser Fahrt und die Menschen waren sehr gut informiert, als ihr Gustav endlich heimkehrte. Mehrere Zehntausend Berliner feierten seine Rückkehr unter dem Brandenburger Tor mit einem riesigen Fest.

Der Schriftsteller Hans Fallada hat die Geschichte des Eisernen Gustav nacherzählt und verfilmt wurde sie natürlich auch. Doch weder im Film noch im Buch wird erzählt, dass der Eiserne Gustav selbst ein Auto besaß und schon den Taxischein hatte.

Vorsicht weggucken!

Die Siegesgöttin, die den Streitwagen mit den vier Pferden auf dem Brandenburger Tor lenkt, war anfangs völlig nackt, wie ihr Schöpfer, der Bildhauer Schadow, sie schuf. Doch als es zu immer mehr Auffahrunfällen unter dem Tor kam, weil die Menschen sich nicht mehr richtig konzentrieren konnten, zog man der Dame ein kupfernes Kleidchen an. Ab diesem Zeitpunkt klappte es dann auch wieder mit dem Straßenverkehr.

Das Stelenfeld

Es soll Glück bringen, bei einem Berlinbesuch mehrmals durch das Brandenburger Tor zu gehen. Darum kehrst du auch gleich wieder dorthin zurück. Vorher jedoch solltest du dir das Holocaust-Mahnmal ansehen. Dieses Denkmal ist das größte in ganz Berlin und sehr wichtig.

Wie ein wogendes Kornblumenfeld

hat sich der Architekt Peter Eisenmann die 2711 dunklen Betonstelen vorgestellt, die an eines der grausamsten Verbrechen der deutschen Geschichte erinnern sollen, an die Ermordung von mehr als sechs Millionen Juden in der Zeit des Nationalsozialismus von 1933 bis 1945. Wenn du durch die engen Gassen gehst, kannst du schnell aus der Balance kommen, denn der Boden ist sehr wellig. Aber das ist beabsichtigt. Denn die Erinnerung an die Schrecken dieser Zeit lässt einen auch leicht aus dem Gleichgewicht geraten.

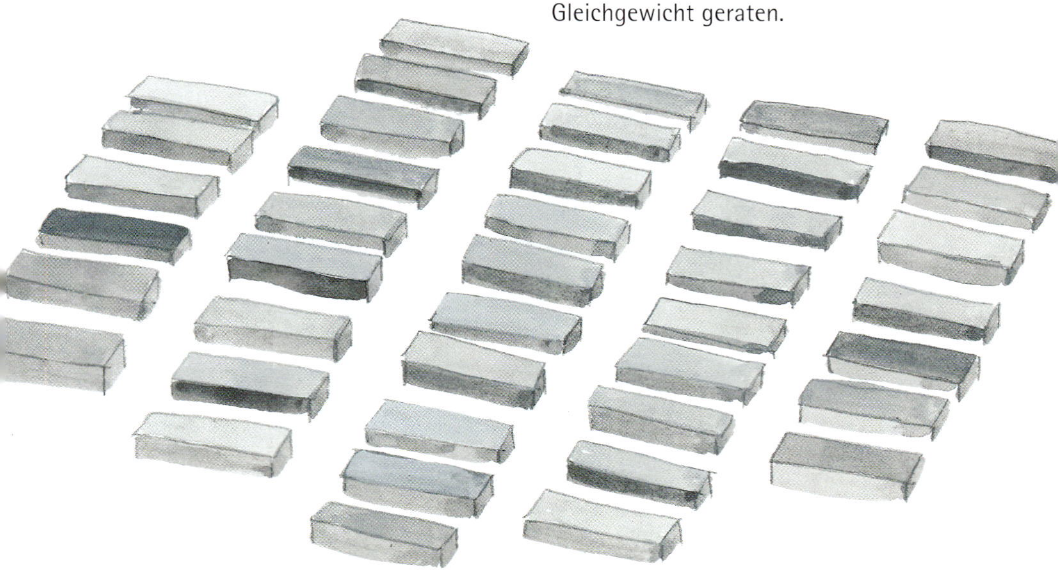

Auf der Mauer, auf der Mauer ...

hüpfen sie und tanzen. Das war 1989, in der Nacht vom 9. auf den 10. November. Der Tag, an dem die Berliner Mauer fiel, wie man so sagt. Aber tatsächlich fiel sie ja nicht gleich um, als die Teilung Deutschlands vorüber war, sondern stand noch ein bisschen, damit man darauf herumtanzen konnte vor lauter Freude. Besonders ausgelassen tanzten die Menschen auf dem Teil der Mauer, die direkt am Brandenburger Tor und am Reichstag stand.

Kreuzworträtsel:

1. Vorname eines berühmten Berliner Pferdekutschers?

2. Wie nennt man das vierköpfige Pferdegespann auf dem Brandenburger Tor?

3. Hoch oben über dem Reichstag habt ihr daraus eine wunderbare Aussicht.

4. Das Haus der Kulturen hat ein geschwungenes Dach, das an dieses Meerestier erinnert.

5. Welcher französische Kaiser brachte die Quadriga nach Paris?

6. Leuten, die aus der Berliner Mauer kleine Stücke herausschlugen, gab man diesen lustigen Namen.

7. Bequeme Fahrräder, mit denen man in Berlin auf Wunsch befördert wird.

8. Der Nachname des amerikanischen Komikers Charlie, der auch einmal im Hotel Adlon wohnte.

Senkrechte rote Spalte: Der Name der Siegesgöttin.

Reichstagsgebäude

In der Zeit, in der Deutschland geteilt war, durfte Berlin laut dem Abkommen der Siegermächte nicht Hauptstadt sein und auch das alte Regierungsgebäude, der Reichstagsbau, hielt während dieser

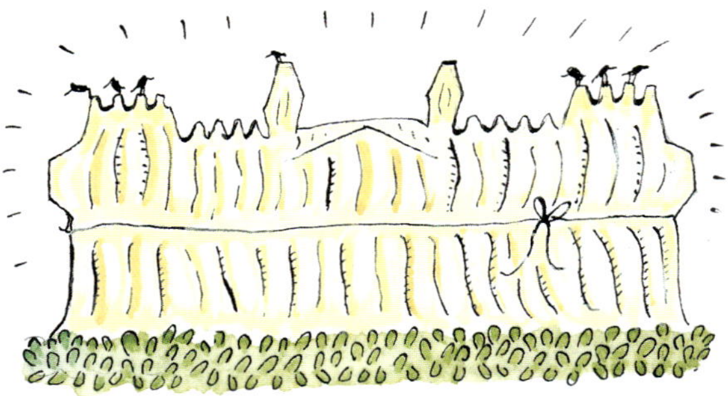

hierhin, um ein wenig in den kreisrunden Himmel zu schauen und sich zu wundern, wieso das Dach nicht geschlossen ist. Die Parlamentarier, die unten im Plenarsaal tagen, freuen sich jedoch sehr über die frische Luft, die nach unten ins Parlament gesaugt wird und auch über das Licht, das von 360 Spiegeln nach unten reflektiert wird. Das mit dem Spiegel-Luft-Trichter hat sich der Architekt richtig schön ausgedacht.

Jahre einen tiefen Dornröschenschlaf. Doch mit der Einheit änderte sich das alles. Plötzlich feierte man wieder riesige Feste im neuen Regierungsviertel. Das Künstlerehepaar Christo und Jeanne-Claude stülpte ein gigantisches weißes Tuch über den Reichstagsbau. Von Weitem sah er dabei aus wie ein riesiger Eisberg – mitten in Berlin.

Zauberspiegel

Der Architekt Norman Foster, der das Reichstagsgebäude umbaute, hatte viel Humor. Er hat die Spiegel im Fahrstuhl, der die Gäste nach oben zur Besucherterrasse bringt, etwas gekrümmt. Wenn du zu klein bist, lass dich ruhig einmal hochheben, um die tausend Leute zu sehen, die in diesen Fahrstuhl passen. Der Effekt entsteht durch die sich ineinander spiegelnden Spiegel.

Die gläserne Kuppel

Am meisten Spaß macht es, in der gläsernen Kuppel auf einer Rampe nach oben zu wandern und sich auf dem höchsten Punkt auf einer der Bänke einmal so richtig auszustrecken. Auch die Erwachsenen legen sich gerne

Auch die Tauben

sind von der neuen Reichstagskuppel ganz begeistert. Während die Besucher sich Berlin von oben anschauen und sich darüber freuen, wie grün die Stadt ist, nisten die Tauben friedlich im Spiegelkabinett und lassen es Federn regnen.

Kinderparlament

An besonderen Kindertagen im Bundestag können Kinder von sechs bis 14 Jahren einmal ausprobieren, wie man Politik macht. Dazu gehören auch eine Führung durch das Gebäude, die Glaskuppel und ein Imbiss.

Kinder bis zum Alter von sieben Jahren kommen schneller über einen Seiteneingang ins Reichstagsgebäude und dürfen auch ihre Eltern und Verwandten mitnehmen.

Mit dem Velotaxi

kommst du bequem zum Haus der Kulturen der Welt. Velotaxis sind nicht teuer, du kannst aber auch laufen, die Strecke führt durch den wunderschönen Tiergarten und je nach Beinlänge ist man in zehn bis 15 Minuten dort.

Das Bundeskanzleramt, das du unterwegs siehst, ist ganz neu und hat bereits einen Spitznamen, man nennt es auch die Waschmaschine. Kannst du die Trommel erkennen?

Die Schwangere Auster

Berliner sind ja wegen ihrer Schnauze sehr bekannt. So geben sie Gebäuden gerne pfiffige, lustige Namen. Das Haus der Kulturen der Welt nennen sie Schwangere Auster, weil das geschwungene Dach an eine geöffnete Auster erinnert. Früher war das Haus eine Kongresshalle. Jetzt ist es ein internationales

Kulturhaus mit Schiffanlegestelle. Da es nahe an der Spree gebaut ist, finden dort nun auch Wasserkonzerte statt.
Ein schöner Platz, an dem man die Beine im Wasser baumeln lassen, Musik hören und einen Milkshake schlürfen kann.

Zeichne entlang der Zahlen, und schon wird die einladende Auster sichtbar werden.

Ein großer Schmetterling

Im Deutschen klingt das Wort Schmetterling ja ziemlich heftig, so gar nicht nach Falter mit zarten Flügelchen. Vielleicht hat deshalb der britische Künstler Henry Moore seine zehn Tonnen schwere Skulptur vor dem Haus der Kulturen der Welt »Großer Schmetterling« genannt. Wenn ihr genau hinschaut, könnt ihr den Eindruck gewinnen, dass dieses Kunstwerk, trotz seiner wuchtigen Masse, über dem mit Wasser gefüllten Spiegelbecken schwebt.

Das Wort Schmetterling kommt übrigens in Wirklichkeit natürlich nicht von »schmettern«. Es ist mit dem in Ostdeutschland gebräuchlichen Wort Schmetten für Sahne und Schmand verwandt. Genau wie die Engländer, die Schmetterlinge »Butterfly«, also Butterfliege nennen, sagte man früher in Deutschland den Schmetterlingen nach, sie würden Sahne stehlen.

3. Die ägyptische Königin und die Eisenmonster

Rund um die Museumsinsel

Ausgangspunkt
Zeughaus
S-/U-Bahn: Friedrichstraße
Tram (12, M 1):
Am Kupfergraben
Bus (TXL, 100, 200):
Staatsoper

Höhlensessel

Wenn du am Boulevard Unter den Linden vor dem riesigen Zeughaus stehst, kann es sein, dass du gar nicht weißt, wo du zuerst hinschauen sollst. Am besten nimmst du den Café-Eingang Unter den Linden 2. Dort siehst du noch einige lustige ausgehöhlte Sessel, bevor es durch die große Tür direkt ins DHM geht. Was das DHM ist, erfährst du gleich, und diese seltsamen Sessel? Die könnte man Höhlensessel nennen, denn sie wölben sich über einen hinweg, sodass man sich fast darin verkriechen könnte, wenn man nur klein genug wäre.

Dieses Kind sitzt nicht gern in der Luft. Zeichne ihm deinen Höhlensessel!

Finde den passenden Schlüssel

Im DHM, dem Deutschen Historischen Museum, fragst du am besten gleich nach dem Schlüsselspiel. Das ist genau das Richtige für neugierige Kinder. Wer das Schloss öffnen möchte, braucht beides, Köpfchen und geschickte Hände. Es befindet sich etwas versteckt im ersten Stock. Ein echtes Geheimnis sozusagen.

Welcher Schlüssel passt wohl hier in dieses Schloss?

Etwas Puste

Natürlich kannst du dir im Museum auch noch die Ritterrüstungen und all die Prunkhelme und Siegestrophäen anschauen. Hast du schon einmal ein Kettenhemd hochgehoben? Hier darfst du die Schutzkleidung der Ritter anfassen und ihr Gewicht bestaunen, aber komm nicht außer Puste! Denn Puste, also etwas Ausdauer, brauchst du noch. Doch zum Ende dieses Rundgangs warten die berühmten Eisenmonster auf dich, und die willst du dir sicher nicht entgehen lassen.

Über die Schlossbrücke

Schau dir das Geländer der Schlossbrücke einmal genauer an. Die Fabelwesen

hier sieht man sonst nirgends in Berlin. Halb Pferd, halb Fisch. Und dann sind ihre Flügel auch noch unter dem Bauch eingeklemmt. Sehr seltsam! Die eingeklemmten Fische daneben sehen auch nicht gerade besonders glücklich aus mit ihrer verbogenen Schnauze. Wahrscheinlich sind sie gerade frisch gefangen worden, als der Künstler sie in Metall gegossen hat.

Lust auf Kartoffeln?

Der Lustgarten begann seine Karriere als Obst- und Gemüsegarten mit Obstbäumen und Blumen. Später wurden hier die ersten Berliner Kartoffeln angepflanzt. Du weißt schon: die Tartoffeln! Dann verwandelte er sich wieder, es kamen Springbrunnen und Statuen hinzu und ein Lusthaus mit künstlicher Grotte und wunderbaren Wasserspielen. Die Berliner hatten ihre helle Freude am Lustgarten, bis der Soldatenkönig alles abreißen ließ, um einen Exerzierplatz aus ihm zu machen. Glücklicherweise ist der Lustgarten heute wieder schön grün.

Riesenbadewanne

Anstelle der alten Wasserterrassen und Fontänen steht im Lustgarten nur eine riesige runde Badewanne aus Granit. Sie wurde 1831 aus einem riesigen Findling gehauen. Im Sommer verwandeln Kinder sie gerne in ein Mini-Freibad.

Stadtschloss

Natürlich hatte Berlin auch mal ein richtiges Schloss. Es war die Hauptresidenz der Kurfürsten, später dann der Könige und Kaiser. Im Krieg wurde es schwer beschädigt und zu DDR-Zeiten gesprengt.

Dreißig Jahre lang stand dann der Palast der Republik an Stelle des Schlosses. Gegenüber dem Berliner Dom wird dieses Stadtschloss nun wieder neu aufgebaut. Zumindest wird man zukünftig die Fassaden des alten Schlosses bewundern können. In seinem Innern soll das Humboldt-Forum entstehen. Ein nach den Forscherbrüdern Wilhelm und Alexander von Humboldt benannter Ort der Kunst, Kultur und Wissenschaft.

Tischleindeckdich

Im Stadtschloss gab es im 18. Jahrhundert einen Kurfürsten, der hatte eine sehr moderne und praktische Vorrichtung. Wenn die Köche unten in der Kellerküche den Tisch fein gedeckt und mit Truthähnen, Forellen, leckeren Würsten und Wein vollgestellt hatten, betätigte ein Diener einen Aufzug. Über Rollen und Winden wurde dann der fertig gedeckte Tisch auf einer Plattform nach oben in den Speisesaal gehoben. Dort öffnete sich eine Bodenplatte und eins-zwei-drei stand der mit leckeren Speisen gedeckte Tisch vor dem Kurfürsten. Klingt wie ein Märchen, ist aber keins. Auch wenn es den Brüdern Grimm als Vorlage für ihre Geschichte vom Tischleindeckdich gerade recht kam.

Gruft oder Engel

Im gewaltigen Berliner Dom kann man natürlich die 270 Stufen nach oben steigen, um sich dort die Engel und die Stadt anzuschauen. (Es geht ganz schön eng zu da oben und ist für die Erwachsenen nicht immer spaßig.) Man kann aber auch hinunter in die Gruft gehen und die prunkvollen Sarkophage von Königin Sophie Charlotte und anderer Hohenzollern betrachten. Für Angsthasen ist das aber nichts, weil es etwas gruselig ist.

Schönheitskönigin

In einer Wahl kürten die Berliner eine gewisse Nofretete einmal zur schönsten Frau Berlins. Wer sie noch nicht kennt, findet sie im Alten Museum. Ein Ägyptologe namens Borchardt hat die Büste der schönen Königin einst ganz in der Nähe der Pyramiden entdeckt und ausgegraben. Als Frau des ägyptischen Königs Echnaton regierte sie nach dessen Tod eines der mächtigsten Reiche. Heute gehört die Büste der Nofretete zu den wertvollsten Museumsschätzen der Welt.

Nach Fertigstellung des Neuen Museums auf der Museumsinsel wird Nofretete dort zu sehen sein.

Die Museumsinsel

ist eine Halbinsel und, wie der Name schon sagt, vollgestopft mit Museen. Man bräuchte Wochen, um sich all die Gemälde, Statuen, Schmuckstücke und Kostüme anzuschauen. Doch ein Museum solltest du dir auf keinen Fall entgehen lassen: das Pergamonmuseum.

Pergamon und Babylon

Auf den Stufen des Pergamonaltars kann man sich fühlen wie im Altertum. Eine riesige Freitreppe, Säulen und Friese, auf denen der Kampf der Giganten gegen die griechischen Götter gezeigt wird. Das Ischtar-Tor aus Babylon zählte sogar zu den sieben antiken Weltwundern. Auf seinen blau glasierten Ziegeln erkennst du neben Löwen und Stieren auch Drachen.

Welchen Drachen würdest du wählen, um ihn aufs Stadttor zu setzen?

Ostalgie

Wer die Nase von Museen noch nicht voll hat, könnte noch einen Abstecher ins DDR-Museum machen, das drüben am Festland zu finden ist. Lustig ist die Fahrt in einem Trabi, der alle typischen Fahrgeräusche und eine Fahrt durch eine Plattenbausiedlung simuliert.

Bunte Höfe

Bevor es zu den Monstern weitergeht, kannst du noch einen kleinen Abstecher in die Hackeschen Höfe machen. Der Eingang liegt in der Rosenthalerstraße 38. Du erkennst ihn schon von Weitem an einem großen Rundbogen auf dem Dach. Aus dem wunderschönen Labyrinth aus acht bewohnten Hinterhöfen findest du immer wieder leicht heraus. Erwachsene wohl weniger, denn die verlaufen sich gern auf Deutschlands größter geschlossener Hoffläche. Schließlich gibt es hier viel zu sehen: Varietés, Theater, Kinos, Cafés, Kunstgewerbeläden und schöne, mit farbigen Glasursteinen verzierte Fassaden.

Eisenmonster

Doch nach all den Museen hat man Lust, auch einmal etwas völlig Verrücktes zu sehen. Neben den Hackeschen Höfen gibt es rechts einen Eingang. Man erkennt ihn an der im Boden eingelassenen Messingplatte, die auf die Blindenwerkstätten von 1945 hinweist. Wenn du diesen bunt bemalten Hof ganz nach hinten durchgehst, siehst du einen riesigen Monstervogel aus Eisen. Leider ist der Monstermat, mit dem man ihn bewegen kann, meistens kaputt. Doch um die Ecke findest du noch ein anderes Monster, das sich Der Bloch nennt, und Bloch kann nicht nur mit den Augen rollen!

4. Knut, Knautschke und ein Ei

Vom Bahnhof Zoo zum Breitscheidplatz

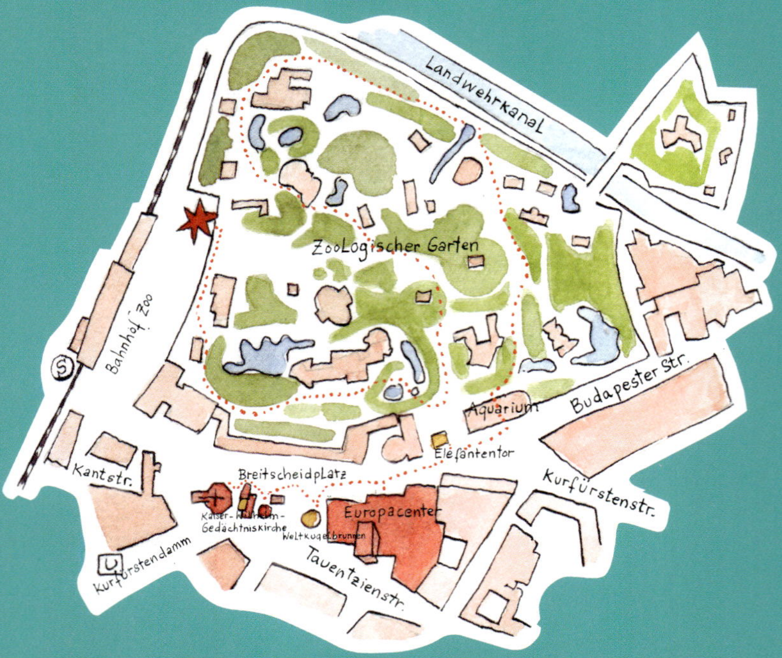

Ausgangspunkt
Bahnhof Zoo
S-/U-Bahn: Zoologischer Garten
Bus: u. a. 100, 110, 200 und viele mehr
Regionalbahn

In voller Länge

heißt der Bahnhof Zoo eigentlich Berlin Zoologischer Garten. Aber so nennt ihn außer den Schaffnern kein Berliner, weil das viel zu lang ist. Während der Teilung Berlins war er der wichtigste Bahnhof der Stadt im Westteil. Berühmt wurde er durch das Buch und den Film »Wir Kinder vom Bahnhof Zoo«. Es geht um die Geschichte des drogenabhängigen Mädchens Christiane F., die übrigens nicht erfunden war und viele Diskussionen über das Leben der Straßenkinder Berlins ausgelöst hat.

Freier Blick

Wenn du während der Zugfahrt am Bahnhof Zoo auf der richtigen Seite sitzt, kannst du bereits einen Blick in die Tiergehege werfen und den Giraffen beim Futtern zusehen.

Durch das Löwentor

kommst du direkt in den artenreichsten Tierpark der Welt, den Zoologischen Garten. Rechts geht es zu den Elefanten und den rosa Flamingos. Hinter dem Affenhaus findest du auch einen Streichelzoo mit Tieren zum Anfassen.

Zigaretten und Kaffee

Manche Zootiere sind in Berlin richtig berühmt geworden. Die ersten beiden Stars waren in den zwanziger Jahren die Schimpansinnen Titine und Missie, wobei Missie sogar rauchen und Kaffee trinken durfte. Etwas, was den heutigen Tieren strengstens verboten ist.

Der tapfere Knautschke

Als 1945 ein Bombenregen über Berlin niederging, blieb als einziges Großtier ein Nilpferd am Leben, dem die Berliner den liebevollen Namen Knautschke verpasst hatten, weil sein Gesicht bei der Geburt so zerknautscht ausgesehen hatte. Der kleine Knautschke überlebte zwischen seinen toten Eltern den dicksten Granatenhagel und wurde damit für die Berliner zu einem Symbol, den Kopf auch in der größten Not nicht hängen zu lassen und die zerstörte Stadt wieder aufzubauen.

Die Bärentaufe

Früher wurden Berliner Jungen und Mädchen dazu aufgerufen, sich originelle Namen für zwei kleine Bären zu überlegen. Seitdem wurde es zu einer Tradition, die Namen für Berliner Bären unter den Kindern der Stadt öffentlich auszuschreiben und eine richtige Bärentaufe zu veranstalten. Heute noch kennt man die berühmten Bären Taps und Schnute.

Piep Schnurz Egal

Eine Sensation waren die ersten Pandabären, die von den Berlinern anfangs nur Schnurz und Piepe genannt wurden, weil sie völlig gelangweilt in ihrem Gehege herumsaßen.
Irgendwann bekamen sie dann richtige chinesische Namen: Bao Bao und Tjen Tjen. Doch vielleicht wäre man bei einem der Pandas besser bei den populären Berliner Namen geblieben. Denn dem Männchen Bao Bao war die holde Damenwelt wirklich schnurzpiepegal. Bei einem Besuch bei einer Pandabärin im Zoo von London benahm er sich

wiederum so rüpelhaft, dass man ihn nur unter Einsatz eines Feuerlöschers von der Bärin trennen konnte.

Einige der Tiere hat man im Zoologischen Garten durch Skulpturen verewigt. Suche doch einmal die Granitskulptur des Gorillas Bobby!

Ein Bär zum Knutschen

Der größte Star der letzten Zeit war zweifellos der kleine Eisbär Knut.
Da seine Mutter sich weigerte, ihn aufzuziehen, übernahm ein Pflegepapa namens Thomas Dörflein die Aufzucht. Zur ersten Vorstellung des weißen Zottelbären Knut reisten über 500 Journalisten aus aller Welt an. Bald fanden alle Knut nur noch zum Knutschen. Richtig populär war Knut allerdings nur, solange er klein war. Seid nicht enttäuscht, falls er gar nicht mehr in Berlin ist. Vielleicht ist er ja wegen einer hübschzotteligen Bärin umgezogen.

Spannend wird es bei den Sandtigerhaien, den Riesenschlangen und den grünen Moränen.
Vor allem bei Nachtführungen. Auf Wunsch werden solche Führungen mit Taschenlampen durchgeführt. Das kann richtig schön gruselig werden.

Ein Riesendino

Natürlich finden die Berliner immer neue Lieblinge unter den Tieren, wie den Ameisenbär Adolpho, der so gerne seine lange Zunge herausstreckt. Doch der Zoologische Garten hat auch längst ausgestorbene Tiere nicht vergessen. Eine lebensgroße Nachbildung des Dinosauriers Iguanodon findet man neben dem Eingang zum Aquarium. Übrigens, was du hier siehst, ist ein Jungtier. Ausgewachsen wurde dieser Dinosaurier über fünf Meter hoch, also so groß wie eine Giraffe.

Kois und Haie

Etwas kleiner und feiner geht's im Aquarium zu. Dort findest du japanische Streichelmichfische, die korrekt Koi-Karpfen heißen.

Nachdem du auch die Erdbeerfrösche, den Wickelschwanzkink oder die gepunktete Wurzelmundqualle kennengelernt hast, werden dich bestimmt auch der Stegosaurus und der Triceratops interessieren. Wo findet man diese Tiere? Kleiner Tipp: Du musst schon nach draußen durch das Elefantentor gegangen sein, um sie zu sehen.

Wasserklops

Noch mehr Wasser gibt es am Weltkugelbrunnen, den die Berliner aber nur kurz und knapp Wasserklops nennen. Was die meisten nicht wissen: An diesem Brunnen wird Tag und Nacht weitergearbeitet. Es gibt da einen Drahtflechter mit Schweißbrille – findest du ihn? Und keine Angst bei der Suche. Das grinsende Reptil am Beckenrand ist kein Menschenfresserkrokodil.

Fließende Zeit

Der bedeutende Maler Salvador Dalí hat gerne weiche, zerfließende Uhren gemalt, um das Phänomen der Zeit abzubilden. Doch es gibt Uhren, die wirklich im Fluss sind, sogenannte Wasseruhren. Leider funktionieren sie im Winter draußen nicht richtig, weil sie viel zu langsam gehen, wenn das Wasser zu Eis gefriert. Eine sehr schöne Wasseruhr findet man im Erdgeschoss des Europacenters. Die Wasseruhr heißt Uhr der fließenden Zeit und erstreckt sich über drei Etagen. Um sie zu finden, nehmt ihr den Eingang gleich gegenüber der großen blauen Kugel. Was sich in ihr befindet, müsst ihr selbst herausfinden. Das wechselt. Im Laufe der Zeit war sie schon einmal Diskothek und Fernsehstudio.

Wahrzeichen Hohler Zahn

Den Breitscheidplatz, einen der bekanntesten Plätze der Stadt, kennt man vor allem wegen der Kaiser-Wilhelm-Gedächtniskirche. Sie wurde bei einem Bombenangriff 1943 fast vollständig zerstört. Zu sehen ist heute nur noch der Hauptturm (ohne spitzes Dach) und das Portal. Die Berliner nennen sie einfach nur Gedächtniskirche oder Hohler Zahn, weil sie so aussieht. Als Erinnerung an die Schrecken des Krieges erklingt jede Stunde ein Glockenspiel.

Verbinde die Zahlen und du siehst die Gedächtniskirche.

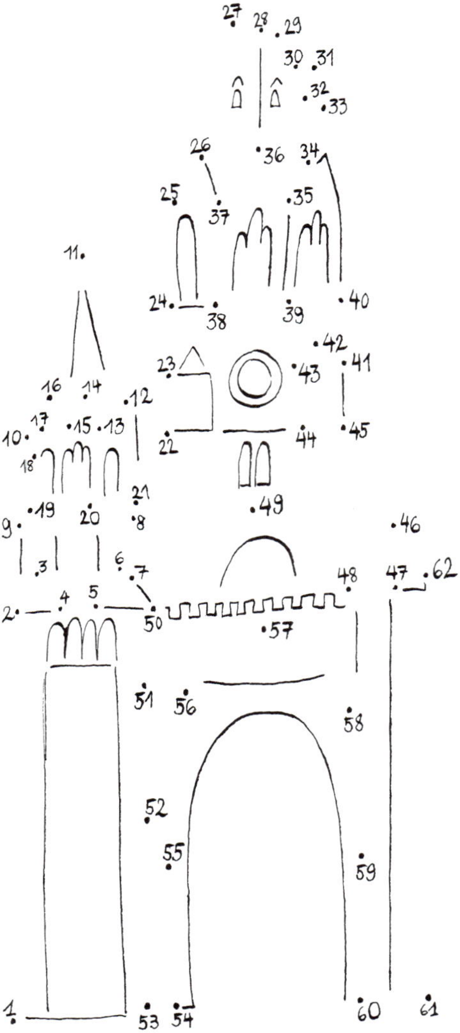

Die Sache mit dem Ei

Im neuen sechseckigen Kirchenschiff, das die Berliner angeblich Puderdose nennen, hat sich der Architekt Egon Eiermann ein feines Suchspiel ausgedacht. Passend zu seinem Namen hat er zwischen den über 40.000 Buntglasfenstern ein Ei versteckt.

Gesucht wird nicht etwa ein rundes Ei, sondern ein eckiges, das aus zwei Buchstaben besteht. Falls du es suchen möchtest, so schau dir die Fenster rund um die Kanzel einmal genau an.

Riesenrad

Sehr bald schon wirst du dir die Gedächtniskirche, den Zoo, den Tiergarten und weite Teile Berlins auch von hoch oben aus einer schmucken weißen Gondel ansehen können. An der Hertzallee am Zoologischen Garten wird sich dann ein 175 Meter hohes Riesenrad drehen, das größte in Europa. Lange Zeit haben die Berliner diskutiert, ob die sich bewegenden Gondeln die Tiere im Zoo stören könnten. Ein Riesenrad ist den Tieren, so hat sich in Versuchen gezeigt, jedoch schnurzpiepegal. Und so verschafft ein Riesenrad bald nicht nur den Menschen in Wien und London, sondern auch in Berlin einen herrlichen Weitblick.

5. Die Schleuse und die Fledermäuse

Von der Spandauer Altstadt zur Zitadelle

Ausgangspunkt
Carl-Schurz-Straße
U-Bahn (U 7): Altstadt Spandau

Kleine Zeitreise

Ein Ausflug nach Spandau, in den Berliner Westen, dorthin, wo die Spree in die Havel mündet, ist eine schöne Reise zurück in die Zeit. Es gibt hier noch Dorfstraßen mit Pflastersteinen, alte Fachwerkhäuser und eine mächtige Burgzitadelle.

Die Stadt Spandau

Heute gehört Spandau zu Berlin, auch wenn das einige Spandauer immer noch nicht wirklich wahrhaben wollen. Wir sind zuerst Spandauer und dann Berliner, sagen sie. Klar, schließlich war Spandau bis 1920 eine eigenständige Stadt. Heute fährt man von Berlin-Mitte mit der U-Bahn in einer halben Stunde in den Bezirk an der Havel. Doch im Mittelalter brauchte ein Pferdekurier beinahe einen halben Tag von Berlin-Cölln bis nach Spandau.

Fachwerk

Wenn du in der Spandauer Altstadt in der Carl-Schurz-Straße aus der U-Bahn aussteigst, kommst du in eine der größten Fußgängerzonen Berlins. Die Fachwerkhäuser stammen alle aus der Zeit nach 1740, weil die älteren Häuser aus dem Mittelalter bei einem großen Brand zerstört wurden. Nur die alte Kirche St. Nikolai aus dem Jahr 1370 ist noch erhalten geblieben. Von der Aussichtsplattform in 54 Metern Höhe siehst du hinüber bis zur Zitadelle, zur Insel Eiswerder und noch viel weiter ...

Feuerwerk an Eindrücken

Auf der Insel Eiswerder ging es seit 1829 zuerst sehr geheimnisvoll und dann sehr laut zu. Man hatte ein Labor eingerichtet, in dem Feuerwerkskörper hergestellt wurden. Immer wieder knallte und böllerte es von der Insel in die Stadt herüber, wenn man neue Feuerwerke ausprobierte. Die Spandauer freuten sich über die bunte Knallerei. Leider wurde später auf der Insel auch Munition für Kriege hergestellt, was nicht so spaßig ist.

Liebesinsel

Wenn man gute Augen hat, sieht man vom St. Nikolaiturm sogar hinüber bis zur Liebesinsel. Die heißt so, weil keine Brücken auf diese Insel führen, sagen die Berliner. Auch heute würden die Liebespaare noch gerne mit dem Boot auf die Liebesinsel übersetzen, um ungestört zu sein.

Einige krumme Häuser

Im Laufe der Zeit verzieht sich das Holz von Fachwerkhäuschen meist ein wenig, wie du bei der Alten Kolkschänke, einem 1743 erbauten Gasthaus, gut sehen kannst. Vor allem die Fenster der Schänke sehen ziemlich krumm aus, so als ob sie müde geworden wären und sich ein wenig vom jahrhundertelangen Fenstersein ausruhen müssten.

Schief getanzt

Vielleicht ist das Gasthaus aber auch vom vielen Tanzen so schief geworden. Denn die Menschen tanzten früher abends sehr gerne in den Gaststätten. Weil Kinder zu später Stunde bei diesen Tänzen nicht erwünscht waren, gab es häufige Polizeikontrollen. Dann versteckten die Mütter die Kinder schnell unter ihren vielen weiten Röcken, die damals in Mode waren.

Altstadt pur

Wie es früher einmal im Dorf Spandau ausgesehen haben könnte, kannst du sehen, wenn du am Hohen Steinweg den Resten der alten Stadtmauer aus dem 14. Jahrhundert entlangspazierst. Dieser Teil der Altstadt lag früher auf einer Insel. Als nächstes gehst du nach rechts, die Pflastersteinstraße hinunter, die auch Kolk genannt wird.

Nahe am Wasser

Wenn du am Ende des Kolk unten links abbiegst, siehst du die Spandauer Schleuse. Bis zum Bau der ersten Schleuse 1572 mussten die Schiffe hier von Ochsen oder Pferden gezogen werden, da es ein starkes Gefälle gab. Seit 2002 gibt es nun diese neue Schleuse. Selbst 110 Meter lange Schiffe können jetzt ohne Probleme von der Unter- zur Oberhavel wechseln (und umgekehrt). Paddler, denen das Heben und Senken zu lange dauert, tragen ihre Boote seitwärts an der Schleuse vorbei.

Zur mächtigen Zitadelle

gehst du über die Juliusturmbrücke. Unten auf der Havel gibt es jede Menge Jachten und schicke Segelboote, denen du von oben aus zuwinken kannst. Bevor es in den Burghof der Zitadelle geht, solltest du dir die verschiedenen Hüte am Geländer einer kleinen Brücke einmal anschauen. Es ist auch eine Pickelhaube, ein Helm mit Spitze darunter. Hast du diese typische Berliner Kopfbedeckung schon gefunden?

Über eine Zugbrücke

und einen breiten Wassergraben kommt man in die Zitadelle. Sie ist eine der am besten erhaltenen und schönsten Renaissance-Festungen weltweit. Und eine der größten. Im Hof findet man einige Kanonen, ein paar Klettersteine und eine schneeweiße Statue von Albrecht dem Bär.

Zwei der acht Helme sind identisch. Erkennst du, welche es sind?

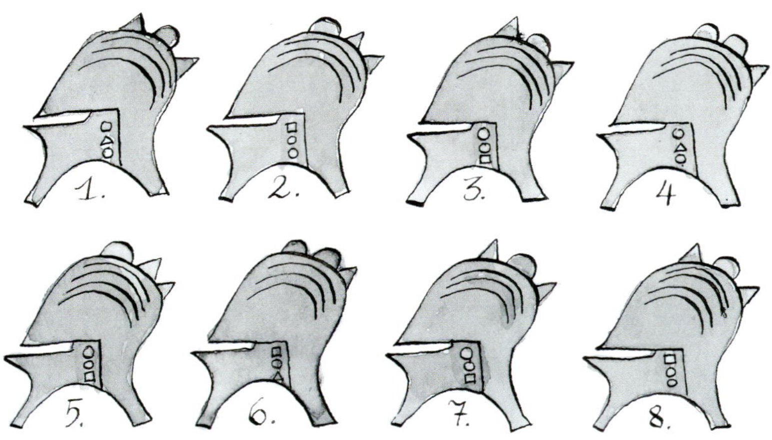

Die Weiße Frau

Zu den Gefangenen im Juliusturm zählte ab 1572 auch Anna Sydow, die Geliebte des Kurfürsten Joachim II. Nach dessen Tod sollte sich sein Sohn um diese Frau kümmern. Doch der ließ sie lebenslang in die Verliese des Juliusturms sperren. Aus Rache soll sich Anna in einen Geist verwandelt haben und über die Jahrhunderte als Weiße Frau durch die königlichen Schlösser Berlins gespukt haben.

Albrecht der Bär,

aus dem Hause der Askanier, Gründer der Mark Brandenburg, war oft und häufig in Kämpfe verwickelt. Mit den Sachsen zum Beispiel oder mit Raubrittern. Seine Zeit, das 12. Jahrhundert, war das Zeitalter der Ritter und Burgen. Denn gegen die Angriffe der räuberischen Feinde konnte sich der Markgraf am besten mit einer Trutzburg wehren.

Turmgefängnis

Die heutige Zitadelle ist die Nachfolgerin dieser mittelalterlichen Trutzburg. Die Lage auf einer Spreeinsel und ihre hohen, steilen Mauern machten die Festung für Feinde fast uneinnehmbar.
Wer gefangen genommen wurde, endete nicht selten in einem Kerker hinter den dicken Mauern des Juliusturms. Heute kann man diesen 30 Meter hohen Turm über eine steile Wendeltreppe besteigen.

Mittelalterfeste

Kinder können in der Zitadelle an mittelalterlichen Kochkursen teilnehmen, lernen, wie man Stockbrot backt und ritterlich zusammen tafelt. Im Stadtgeschichtlichen Museum ist eine richtige Schusterwerkstatt aufgebaut, bei der man sich fragen muss, wie sich der Schuster in diesem Durcheinander zurechtfinden konnte.

Echte Vampire

Berlin ist die Hauptstadt der Fledermäuse. Es gibt über 30 Winterquartiere für die kleinen Flattergeister in der Stadt. In der Zitadelle Spandau überwintern jedes Jahr über 10.000 von ihnen in den unterirdischen Gewölben, die man auch Kasematten nennt. Im Haus Nr. 4 kann man sich in den Schauhöhlen ansehen, wie echte Vampire gefüttert werden.

Du kannst aber auch selber Fledermauskästen bauen oder eine Patenschaft über eine Brillenblattnase, eine tropische Fledermaus, erwerben.

Kleine Gäste

Die Fledermäuse lieben neben Spandau auch andere Stadtbezirke wie Charlottenburg oder Kreuzberg. In der Nähe von Parks kann es passieren, dass unerfahrene Jungtiere durch offene Fenster flattern und sich in der Wohnung einnisten. Also nicht erschrecken, wenn du mal Berliner Freunde besuchen gehst und dort im Wohnzimmer kleine Vampire von der Decke baumeln.

6. Das Seebad und der Alchemist

Zur Pfaueninsel und zum Strandbad Wannsee

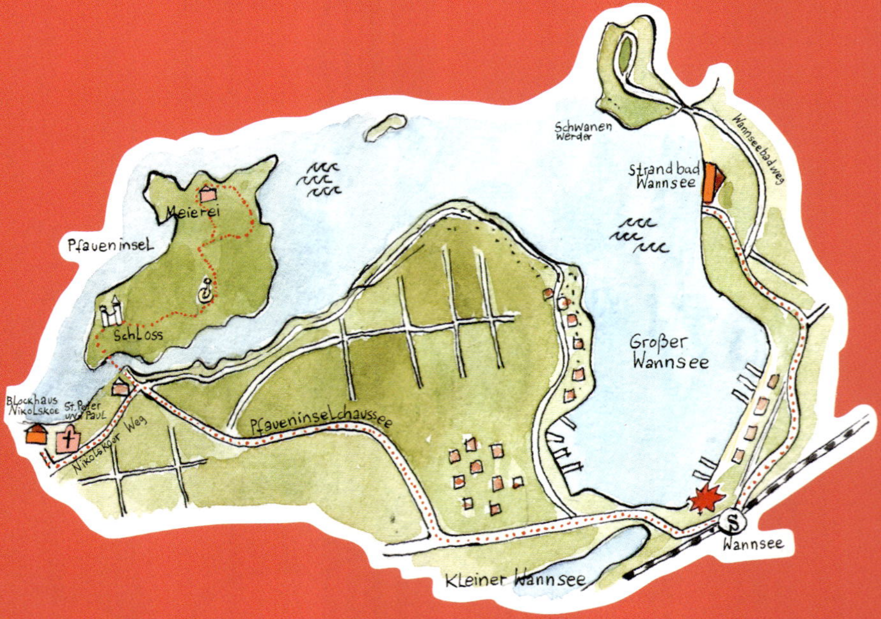

Ausgangspunkt
Fähre zur Pfaueninsel
S-Bahn (S 1, S 7): Wannsee
Bus 218 (zur Fähre Pfaueninsel)
Bus 312 (vom S-Bahnhof Nikolassee zum Strandbad Wannsee)

Raus ins Grüne

Natürlich möchte man in einer Stadt, die über 30 Naturschutzgebiete besitzt und zu einem Drittel aus Wäldern, Parks, Seen und Flüssen besteht, nicht nur über Asphalt oder Pflastersteine laufen. Also nichts wie raus aus dem Häusermeer und hinunter zum Wannsee!

Durchs wilde Berlin

Mit der S-Bahn-Linie 7 geht es durch den Grunewald und man bekommt einen Eindruck, wie riesig er ist. Früher war dieses Gebiet Jagdrevier der Kurfürsten, doch auch heute leben viele wilde Tiere in Berlin im Wald und nicht nur im Zoo. So laufen im Grunewald unter anderem Füchse, Marder, Waschbären und Wildschweine herum. In einige Rathaustürme Berlins sind die Turmfalken eingezogen und an der Havel sowie rund um die Seen, die du rechts während der Fahrt sehen kannst, haben sich sogar wieder Biber angesiedelt.

Reif für die Insel

Wusstest du, dass Berlin doppelt so viele Brücken hat wie Venedig? Flüsse und Seen gibt es in Berlin wirklich genug. Und natürlich auch viele Inseln!

Insgesamt kann man in Berlin auf 34 Inseln Urlaub machen. Sie tragen hübsche und seltsame Namen wie: Insel der Jugend, Pionierinsel, Liebesinsel oder Nixenwall. Eine der bekanntesten und schönsten dieser Inseln wollen wir nun besuchen, die Pfaueninsel.

Wie sieht deine Trauminsel aus? Und wie soll sie heißen?

Auf die Fähre

Eine Brücke zur Pfaueninsel gibt es nicht. Dafür aber eine Fähre, die dich vom Festland hinüberbringt. Während der Überfahrt siehst du rechts einen Holzschuppen. Hier ist die kleine Fregatte »Royal Louise« zu Hause. Vielleicht liegt das hübsche historische Segelschiff ja bei deinem Besuch hier vor Anker.

Schloss mit Hütte

Gehst du auf der Insel links herum, so siehst du, unweit der Fährstelle, ein weißes Schloss. Es hat eine eiserne Brücke zwischen seinen Türmchen. König Friedrich Wilhelm II. hat es für seine Geliebte, die Gräfin Lichtenau, errichtet. Falls dich das Schloss an eine Ruine erinnert: Das ist Absicht. Damals war es modern, so zu tun, als ob an der Fassade etwas abgebrochen wäre. Bei einer Führung findest du innen alles noch so vor wie im Jahr 1794. Ganz besonders hübsch ist das oteihitische Kabinett. Hinter diesem seltsamen Namen verbirgt sich ein Zimmerchen mit aufgemalter Palmenhütte und hübschem, aber nur gemaltem Ausblick.

Auch eine andere Aussicht am Schlösschen ist nur aufgemalt. Findest du heraus, wo sie ist?

Kanincheninsel

Früher wurde die Pfaueninsel lange Zeit Kaninchenwerder genannt, weil hier ab 1683 viele Kaninchen gezüchtet wurden, die sich tüchtig vermehrten und dann überall frei herumhoppelten.

Der Alchemist

Kurz nach den Kaninchen ließ sich auch der Alchemist Johann Kunckel auf der Insel nieder, um Gold herzustellen, was ihm aber nicht so recht gelingen wollte. Aus seinem Schornstein wehte meist nur unangenehm stinkender Rauch aufs Festland herüber.

Der erste Zoo

König Friedrich Wilhelm III., dem die Pfaueninsel Anfang des 19. Jahrhunderts gehörte, hatte weder für das Goldmachen der Alchemisten noch für Kaninchen etwas übrig, dafür aber umso mehr für exotische Tiere und Pfauen.

So schuf er sich auf der Pfaueninsel seinen ganz privaten zoologischen Garten, mit einem Wasservogelteich, Hirschen und Wasserbüffeln, einem Gehege für Kängurus sowie Lamas und, wie es sich für »Bärlin« gehört, einer Bärengrube. Die Bürger Berlins durften an drei Tagen in der Woche »kieken« (gucken) kommen, was die kleinen Lamas und Kängurus so treiben.

Radschlagen erlaubt

Heute geben die Pfauen auf der Insel den Ton an. Zur warmen Jahreszeit sind die Rufe der Männchen schon von Weitem zu hören. Vielleicht hast du ja Glück und kannst sehen, wie die Pfauen ihr farbenfrohes Rad schlagen oder kannst eine der bunten Pfauenfedern ergattern. Die darfst du ruhig mit nach Hause nehmen.

Märchenbrunnen

Vom Schloss führt rechts ein Weg zu einer großen Fontäne mit rundem Brunnen. In der heißen Jahreszeit mag er manchem Besucher wie märchenhaft erscheinen. Denn ein Restaurant gibt es auf der großen Insel nicht. Und so kommt eine kurze, erfrischende Abkühlung durch das verwunschene Pfauenwasser im Sommer grade richtig. Trinken sollte man das Wasser jedoch nicht! Am Wasservogelteich geht es vorbei zur Vogelvoliere, in der früher einige Nachfahren der königlichen Papageien und Kakadus herumflatterten. Jetzt aber zwitschern keine Exoten, sondern einheimische Singvögel unter dem Laubdach.

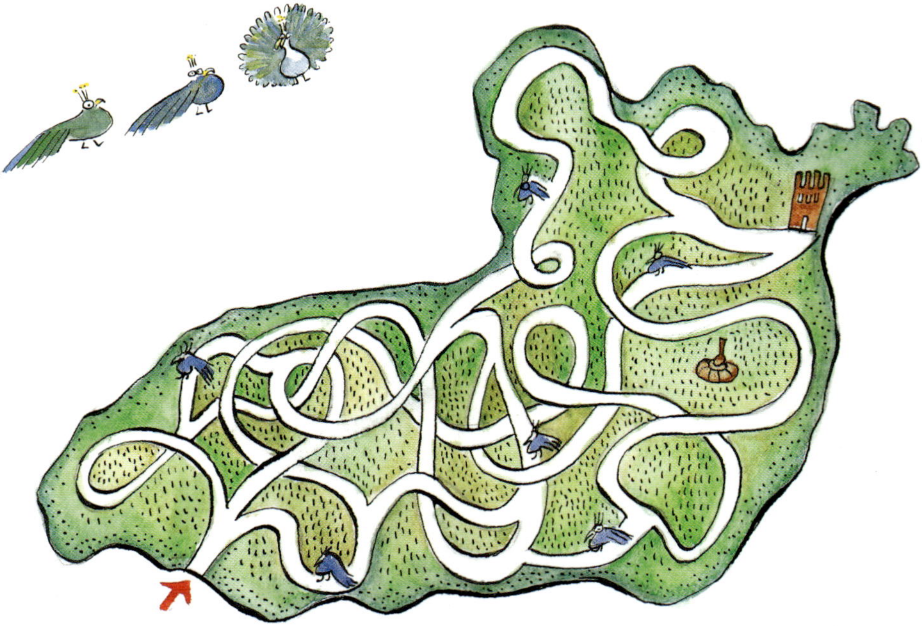

Wenn man nicht achtgibt, kann man sich schon mal verlaufen in einem großen Park. Findest du den Weg zur Ruine, ohne einen Vogel zu treffen?

Eisläufer

Außer den Pfauen und den Vögeln leben noch Pferde und Hühner auf der Insel. Im Winter aber sieht man ab und zu auch einen Fuchs oder ein Wildschwein. Die sind einfach übers Eis vom Festland herübergelaufen.

Ruine oder nicht?

Am nördlichen Ende der Insel findest du die Meierei. Erinnert sie dich an etwas? Genau wie das Schloss wurde sie als Ruine gebaut. Allerdings im gotischen Stil. Die Meierei und das Schloss sehen ein wenig wie Filmkulissen aus, und tatsächlich hat man auf der Pfaueninsel auch einige Filme gedreht.

Ein bisschen Russland

Zurück auf dem Festland kann man sich erst einmal im Gasthaus am Ufer stärken. Denn danach geht es rechts ab nach Russland. Nun ja, genauer gesagt in ein kleines Stückchen Russland im Grunewald.

Auf einer Aussichtsplattform, die man leicht zu Fuß erreichen kann, steht das Blockhaus Nikolskoe. König Wilhelm III. wurde in einem solchen Blockhaus in Russland von seiner Tochter, Prinzessin Charlotte, und ihrem Mann, dem späteren Zaren Nikolaus, empfangen. Charlotte sagte, in einem einfachen Blockhaus könne man ebenso vergnügt sein wie in einem Kaiserpalast. Das gefiel dem König so gut, dass er sich den Spaß machte, dieses Blockhaus im russischen Stil auf der Pfaueninsel nachzubauen. Später hat der König dann auch noch eine russische Kirche mit Zwiebelturm dazugestellt, die Kirche St. Peter und Paul. Von hier oben habt ihr noch einmal einen schönen Blick auf die Pfaueninsel.

Die Badewanne Berlins

Pack die Badehose ein, nimm dein kleines Schwesterlein, und dann nischt

wie raus nach Wannsee ... Das ist der Anfang eines Liedes, das früher die Hitlisten gestürmt hat. Kein See in Berlin ist nämlich so berühmt wie der Wannsee. Das Strandbad war schon vor hundert Jahren eines der beliebtesten Ausflugsziele der Berliner und die über 400 Strandkörbe und 1200 Liegen waren im Sommer immer ratzfatz belegt. Heiß begehrt ist auch die 31 Meter lange Riesenrutsche. An dem über einen Kilometer langen und 80 Meter breiten Strand fühlt man sich fast wie am Meer. Kein Wunder, den feinen Sand hat man von der Ostsee hierhergeschafft.

Für kleine Kinder gibt es einen Spielplatz, in dessen Nähe das Wasser besonders flach ist.

7. Was du in und um Berlin noch alles unternehmen und anschauen kannst

Jetzt kennst du die Berliner Innenstadt, die mittelalterliche Zitadelle und hast einen Ausflug an den Wannsee und zur Pfaueninsel gemacht.
Aber natürlich gibt es noch viel mehr Sehenswertes und Möglichkeiten, Spannendes, Lustiges oder Interessantes zu unternehmen.
Damit du dir leichter einen Überblick verschaffen kannst, sind die Möglichkeiten hier in Gruppen zusammengefasst:

Blick auf Berlin

Blick ins Weltall und Raumfahrt

Palmen, Dschungel, Blumen

Berlin am Wasser

Kleine Zeitreisen

Tiere in der Stadt

Zaubern und Jonglieren

Spielen, Toben, Reiten

Kino und Film

Museen mit Kinderprogramm

Feste und Feiern

Kaiser, König, Edelmann

Schiffsfahrten

Noch ein Platz und eine Straße

Blick auf Berlin

Fernsehturm

Alexanderplatz, Panoramastraße 1A
10178 Berlin, S- und U-Bahn: Alexanderplatz
Info: 242 33 33
www.berlinerfernsehturm.de

Mit 368 Metern ist der Fernsehturm höher als alle anderen Türme in Deutschland. Glücklicherweise musst du keine Treppen steigen, um nach oben zu gelangen. Gleich zwei Lifte bringen dich in die riesige Aussichts-Kugel, von der du bei guter Sicht bis an den Stadtrand schauen kannst. Das ist über 40 Kilometer weit! Etwas für Gemütliche: Das Telecafé dreht sich in einer halben Stunde um die eigene Achse. So kann man schön sitzen und Berlin unter sich vorbeigleiten lassen.

Siegessäule

Straße des 17. Juni/Großer Stern
10557 Berlin, S-Bahn: Bellevue, U-Bahn: Hansaplatz
Info: 391 29 61
www.monument-tales.de

Den Fernsehturm nennt kein Berliner Telespargel, wie manche behaupten. Doch die Figur auf der Siegessäule wird wirklich Goldelse genannt. Du erreichst die Siegesgöttin Viktoria auf einer Wendeltreppe mit 285 Stufen und hast dort eine wunderbare Sicht über den Tiergarten. Unten siehst du noch einige Einschusslöcher aus dem Zweiten Weltkrieg. Aus einem anderen Krieg gegen Frankreich stammen die Kanonenrohre, mit denen die Säule geschmückt ist.

Funkturm

Hammarskjöldplatz 1
14055 Berlin, S-Bahn: Messe Nord/ICC
Info: 303 83 900

Auch der Funkturm hat einen Spitznamen und wird Langer Lulatsch genannt. Er könnte aber genauso gut kleiner Eiffelturm heißen, weil er mit seiner Stahlkonstruktion ganz ähnlich aussieht. Der Funkturm hat den Berlinern die ersten Fernsehsendungen in die Zimmer gebracht. Unglaublich: Die 600 Tonnen Stahl stehen auf Porzellan. Du kannst aber trotzdem hinauffahren, denn die Porzellan-Isolatoren sind ja keine Teetässchen. Die halten ganz schön was aus.

Blick ins Weltall und Raumfahrt

Zeiss-Großplanetarium
Prenzlauer Allee 80
10405 Berlin, S-Bahn: Prenzlauer Allee
Info: 421 84 55 12
www.astw.de
Wunderbare Sternenführungen: Der kleine Sternentraum oder Sterne, Nebel, Feuerräder. Dabei werden die Sterne für dich an die Kuppel projiziert. Weltall-Kino der Extraklasse!

Archenhold-Sternwarte
Alt-Treptow 1
12435 Berlin, S-Bahn: Treptower Park, Plänterwald
Info: 534 80 80
www.astw.de
Blick durchs längste Linsenfernrohr der Welt. Auf Wunsch auch Geburtstagsfeste unter Sternen oder Vorträge der Sternenfee Mira.

Planetarium
Wilhelm-Foerster-Sternwarte
Munsterdamm 90
12169 Berlin, S-Bahn: Priesterweg
Info: 790 09 30
www.wfs.be.schule.de
Astro-Kurse und die Nacht der tanzenden Sterne. Ja, den Großen Bären gibt es wirklich!

Orbitall im FEZ-Berlin
An der Wuhlheide 197
12459 Berlin, S-Bahn: Wuhlheide
Info: 530 710
www.orbitall-berlin.de
Testgelände für kleine Astronauten. Mit Taumelscheiben und Rhönrädern wird deine Tauglichkeit fürs All getestet. Danach geht's ab zur Raumstation, leider nur virtuell. Aber die Erde von oben sieht dennoch wunderschön aus.

Palmen, Dschungel, Blumen

Botanischer Garten
Königin-Luise-Straße 6-8
14195 Berlin, S-Bahn: Botanischer Garten
Info: 838 50 100
www.botanischer-garten-berlin.de
Hast du Lust, Pflanzen beim Wachsen zuzusehen? Ganz im Ernst, im Botanischen Garten gibt es einen Riesenbambus, der täglich bis zu 30 Zentimeter größer wird. Außerdem: Dschungelgefühle im Tropenhaus und ein Duft- und Tastgarten, in dem man wirklich alles anfassen darf!

Biosphäre Potsdam

Georg-Hermann-Allee 99
14469 Potsdam
Info: 0331–550 740
www.biosphaere-potsdam.de

Noch mehr Dschungel mit echten Mangrovensümpfen, Urwaldgeräuschen und heißen, sprudelnden Geysiren. Es gibt Stationen zum Experimentieren. So kann man mit einer Handkurbel Farn im Zeitraffer wachsen lassen. Schau es dir an!

Berlin am Wasser

Müggelsee

S-Bahn: Friedrichshagen
Strandbad: Fürstenwalder Damm 838
www.am-mueggelsee.de

Den größten See Berlins findest du am Ostrand der Stadt. Von der S-Bahn-Station Friedrichshagen führt die Böldschestraße runter zum See. Dort siehst du kleine Krämerläden und schöne Jugendstilhäuser. Vorher links ab geht's zum Strandbad Müggelsee. Auch zum 30 Meter hohen Müggelturm kann man zu Fuß gehen und hochklettern und sich den riesigen See anschauen. Wer müde ist, kann mit dem Dampfer zurück fahren oder noch eine Runde auf dem See drehen.

Strandbad Templin

Templiner Straße 102
14473 Potsdam
Info: 0331-661 98 37
Vom S-Bahnhof Potsdam-Stadt noch 4 Kilometer auf dem Radweg

Die Reise lohnt sich! Hier liegt man nicht nur faul in der Sonne rum, sondern kann eine Surfschule besuchen oder Wasserski lernen, Tischtennis und Volleyball spielen. Kinderfreundlicher Strand mit seichtem Wasser.

Oberbaumbrücke

Warschauer Straße 51
10243 Berlin
U-Bahn: Warschauer Straße

Ganz früher war diese Brücke über die Spree mal aus Holz. Heute rauscht oben die U-Bahn drüber, während man unten gemütlich bummeln kann. Die mit Abstand schönste Brücke Berlins, auf der im Sommer die berühmte Oberbaumschlacht zwischen Kreuzberg und Friedrichshain stattfindet. Dabei bewerfen sich Menschen gegenseitig mit faulem Obst und Gemüse. Wer dann als Erstes von der Brücke verschwindet, hat verloren.

Märchenbrunnen

Im Volkspark Friedrichshain
Eingang: Am Friedrichshain und Friedenstraße
www.berlin-friedrichshain.com/volkspark.htm

Wenn du einmal einen Frosch küssen möchtest, so ist dieser Brunnen genau das Richtige. Neun Frösche speien hier das Wasser in die terrassenförmigen Wasserbecken. An den Beckenrändern findest du weitere Figurenpaare aus den Märchen der Gebrüder Grimm – von Hans im Glück, Aschenbrödel, Rotkäppchen bis zu Brüderchen und Schwesterchen.

AquaDom & Sea Life

Spandauer Straße 3
10178 Berlin, S-Bahn: Alexanderplatz, Hackescher Markt
Info: 992 800
www.sealifeeurope.com

Die Erlebniswelt rund um das Wasser bietet einen Unterwassertunnel, versunkene Schiffe und jede Menge Fische in über 30 Becken. Den Abschluss bildet eine Fahrt mit dem Fahrstuhl mitten durch ein riesiges Aquarium zu Haien, Seepferdchen und Stachelrochen.

Kleine Zeitreisen

Domäne Dahlem

Königin-Luise-Straße 49
14195 Berlin, U-Bahn: Dahlem-Dorf
Info: 666 30 00
www.domaene-dahlem.de

Im Freilichtmuseum im einstigen Rittergut Dahlem erfährst du, wie man früher in Berlin Schweine, Kühe und Schafe gehalten hat. Goldschmiede, Korbflechter und Glasbläser zeigen dir auf den Marktfesten ihre alte Handwerkskunst. Traktor fahren, Tiere füttern und Bienenwachsbasteln!

Museumsdorf Düppel

Clauertstraße 11
14163 Berlin, S-Bahn: Mexikoplatz, Zehlendorf
Info: 802 66 71
www.dueppel.de

Hier kannst du einmal so richtig ins Mittelalter eintauchen. Essen im Kugeltopf kochen, Schafe scheren, dem Schmied über die Schulter schauen oder historische Kinderspiele

wie Ringelstechen und Reifentreiben entdecken, oder Fladen essen. Die Menschen im Mittelalterdorf Düppel sind sogar gekleidet wie im Mittelalter, was die Zeitreise noch authentischer macht!

Tiere in der Stadt

Tierpark Berlin-Friedrichsfelde

Am Tierpark 125
10319 Berlin, U-Bahn: Tierpark
Info: 515 310
www.tierpark-berlin.de
Den Zoologischen Garten kennst du ja bereits. Im Tierpark Berlin-Friedrichsfelde haben die Tiere aber noch viel mehr Platz, weil er nicht eingeklemmt in der Innenstadt liegt. Die Tüpfelhyänen und Elefantenkinder lieben das. Und dann gibt es noch ein richtiges Schloss mitten im Tierpark.

Zaubern und Jonglieren

ufaFabrik Circus

Viktoriastraße 10-18
12105 Berlin, U-Bahn: Ullsteinstraße
Info: 755 030
www.ufafabrik.de/circus
In der ufaFabrik gibt es einen Kinder-Trödelmarkt, ein Puppentheater, Laternenfeste, Kinderkonzerte, einen Kinderbauernhof und unendlich viel mehr. Wer schon immer mal Clown oder Artist werden wollte, kann eine Zirkus-Schule besuchen. Einige der früheren kleinen Einrad-Künstler, Kugelläufer oder Jongleure haben sogar auf dem New Yorker Broadway oder in Japan Karriere gemacht. Denn den Circus gibt es nun schon über 20 Jahre. Wenn dir die Artistik zu anstrengend ist, kannst du stattdessen hier auch Sambatrommeln oder orientalischen Tanz lernen.

Spielen, Toben, Reiten

Ponyhof Staaken

Cosmarweg 70
13591 Berlin, Bus 131: Springerzeile
Info: 366 89 42
Man kann ja nicht nur auf Pferden oder Ponys, sondern ebenso gut auf Eseln reiten, oder? Hier kannst du ausprobieren, ob das so stimmt. Und dann gibt es hier auch noch eine Ziege, Gänse und Schafe.

Abenteuerspielplatz Telux
Tegeler Straße 28a
13353 Berlin, S-Bahn: Wedding, U-Bahn: Leopoldplatz
Info: 462 98 29
Hier kannst du nach Herzenslust Hütten zimmern, selbst Gemüse anbauen, Schlammschlachten veranstalten, Töpfern, dein Fahrrad reparieren und eine eigene Zeitung herausgeben. Ein Abenteuerspielplatz der etwas anderen Art!

Dschungelspielplatz im Bäkepark
Dalandweg 34
12167 Berlin, S-Bahn: Lankwitz
Kletterburgen und Hängebrücken. Hangeln, schaukeln und hüpfen unter Palmen und zwischen wilden Pantern und Giraffen.

Kino und Film

Filmpark Babelsberg
August-Bebelstraße 26-33
Eingang Großbeerenstraße
14482 Potsdam, S-Bahn: Babelsberg
Info: 0331–721 27 50
www.filmpark.de
In den Ateliers der Träumeweber zeigen Kunstmaler, Masken- und Szenenbildner, was hinter den Filmkulissen passiert. Wie viele Röcke hat ein Rokoko-Kostüm? Wie fühlt man sich in einem Unterseeboot? Was ist eine Abenteueroase? Wie kann man auf beweglichen Stühlen durch ein einsturzgefährdetes Bergwerk rasen? Probier es aus! Hier gibt es mehr als tausend Möglichkeiten dazu!

Museen mit Kinderprogramm

Deutsches Technikmuseum Berlin
Trebbiner Straße 9
10963 Berlin, S-Bahn: Anhalter Bahnhof, U-Bahn: Gleisdreieck
Info: 902 540
www.sdtb.de

Das musst du unbedingt gesehen haben! Man erkennt das Museum schon von Weitem am großen Flugzeug, das draußen unter dem Dach hängt. Weil es so viel zu sehen gibt, fängst du am besten im Spectrum an. Hier erfährst du alles, was Kinder so interessiert. Über 300 Experimente zeigen dir, warum der Himmel blau ist oder wie eine Batterie funktioniert. Das riesige Pendel im Lichthof beweist uns: Die Erde dreht sich wirklich! Alles, was du über Schifffahrt, Windmühlen, Fernsehstudios, Raketen und Solaranlagen wissen musst, findest du hier. Und noch viel mehr ...

Zucker-Museum

Amrumer Straße 32
13353 Berlin, U-Bahn: Amrumer Straße
Info: 314 275 74
www.sdtb.de

Auch wenn dein Zahnarzt dich gewarnt hat, hier erfährst du alles, was wirkliche Naschkatzen und solche, die es werden wollen, wissen sollten. Aber: Das Museum ist eher was für Neugierige als für reine Schlemmermäuler. Denn es geht vor allem um die Geschichte des Zuckeranbaus. Vom Zuckerrohr zur Zuckerrübe und retour ...

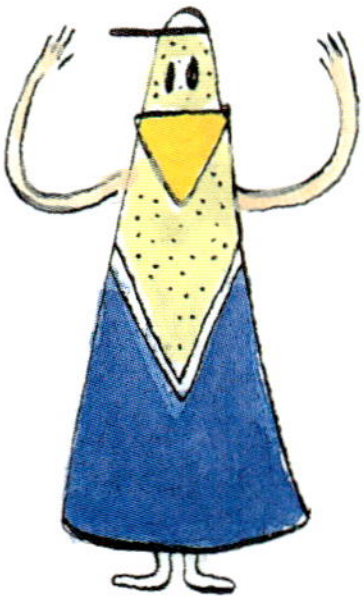

JuniorMuseum im Ethnologischen Museum

Lansstraße 8
14195 Berlin, U-Bahn: Dahlem-Dorf
Info: 830 14 38
www.juniormuseum-berlin.de

Früher hieß dieses Museum einmal Völkerkundemuseum, und um die Völker der Welt geht es hier auch. Reisen durch die Sahara zu den Tuareg oder zu den Aborigines in Australien zeigen dir, wie und warum man in den Sand schreiben kann oder einen Bumerang wirft. Eine kleine Weltreise, die sich wirklich lohnt.

Museum für Naturkunde

Invalidenstraße 43
10115 Berlin, U-Bahn: Zinnowitzer Straße
Info: 209 385 91
www.museum.hu-berlin.de

Wenn du den ersten Schrecken, einige riesige Haigebisse, überstanden hast, warten auf dich neue Herausforderungen. Der berühmte Urvogel Archaeopteryx zum Beispiel. Der ist weltberühmt und Forscher aus aller Welt kommen hierher, um ihn zu bestaunen! Magst du gruselige riesige Dinosaurierskelette? Im großen Saal dieses Museums kannst du dir einmal anschauen, wie groß ein ausgewachsener Brachiosaurus oder ein Dipodocus werden konnte. Der Brachiosaurus ist das größte Skelett dieser Erde, also schön tief durchatmen und staunen. Entspannen kannst du hinterher immer noch. Auf dem schönen runden Sofa im Raum Kosmos und Sonnensterne.

Kaiser, König, Edelmann

Schloss Charlottenburg

Spandauer Damm 10-22, 20-24
14059 Berlin,
S-Bahn: Westend,
U-Bahn: Richard-Wagner-Platz
Info: 32 09 11

Hat alles, was ein richtiges Schloss braucht: prunkvolle Spiegelsäle, kostbare Möbel und einen riesigen Schlosspark.
Für die Führungen durch die Gemächer der Könige und Königinnen musst du dir keine schwere Samt- oder steife Brokatkleidung anziehen. Doch auf den Gemälden siehst du, dass man früher so rumgelaufen ist. Besonders kostbar ist das Porzellankabinett. Der Alte Fritz war ein Liebhaber des weißen Goldes und hat die Porzellan-Manufaktur einst aufgekauft, um sich sein eigenes Geschirr herstellen zu lassen.
Falls du deine heiße Schokolade zufälligerweise einmal aus einer Tasse mit einem königsblauen Zepter auf der Unterseite trinken solltest: Das gute Stück kommt sicher aus der Königlichen Porzellan-Manufaktur KPM und ist ganz schön wertvoll.

Sanssouci

Maulbeerallee,
14469 Potsdam, S-Bahn: Potsdam Hauptbahnhof, Bus 695
Info: 0331-969 42 02
www.sanssouci-sightseeing.de

Potsdam gehört zwar nicht zu Berlin, aber es wäre schon schade, wenn du dir dieses zauberhafte Schloss entgehen lassen würdest. Von der Pfaueninsel aus braucht man 15 Minuten mit dem Auto. Der Bauherr des Schlosses, Friedrich der Große, hatte eine wirklich sehr harte und strenge Kindheit und war froh, als Erwachsener einigermaßen sorgenfrei zu leben. So nannte er sein Lieblingsschloss denn auch Schloss Sorgenfrei, genau das bedeutet nämlich Sanssouci! Für Kinder werden jeden Montag eigene Prinzen- und Prinzessinnenrunden angeboten, bei denen du zum Abschluss einmal Künstler spielen darfst.
Der Alte Fritz liegt übrigens in Sanssouci neben seinen geliebten Hunden in einer eigenen Gruft begraben. Du erkennst diesen Platz an den Kartoffeln, die einige Besucher hier

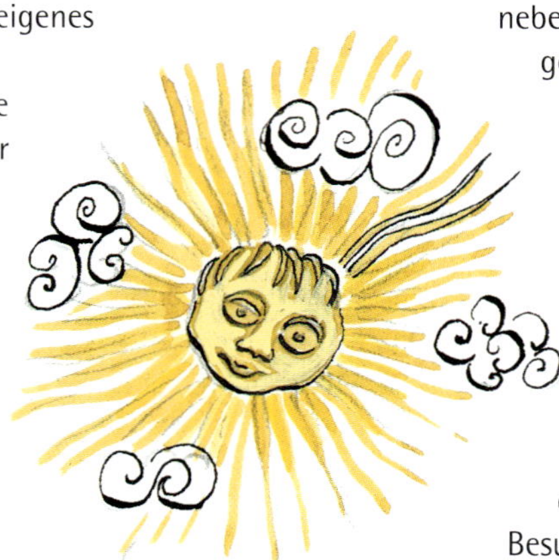

hinlegen. Schließlich, aber das weißt du ja längst, hat Friedrich die Tartöffelchen in Berlin populär gemacht. Manche nennen ihn darum auch gerne PomFritz.

Schiffsfahrten

Berliner Geschichtswerkstatt e.V.

Goltzstraße 49
10781 Berlin, U-Bahn: Eisenacher Straße
Info: 215 44 50
www.berliner-geschichtswerkstatt.de
Klingt erst einmal nicht so spannend, ist es aber. Mit dem Schiff Käpt'n Cook geht es für Kinder über die Wasserstraßen der Stadt. Kleine Seeräuber sollten allerdings etwas Geduld mitbringen, weil die Fahrten über drei Stunden lang dauern können. Also genügend Proviant mitnehmen!

Stern- und Kreisschifffahrt

Puschkinallee 16-17
12435 Berlin, verschiedene Abfahrtsorte
Info: 536 36 00
www.sternundkreis.de
Im Maul der Moby Dick oder der Havel Queen über den Landwehrkanal und die Spree. Hier werden die meisten Schleusen passiert, was immer wieder spannend ist. Der 1886 gebaute Dampfer Kaiser Friedrich unternimmt gemütliche historische Wasser-Touren.

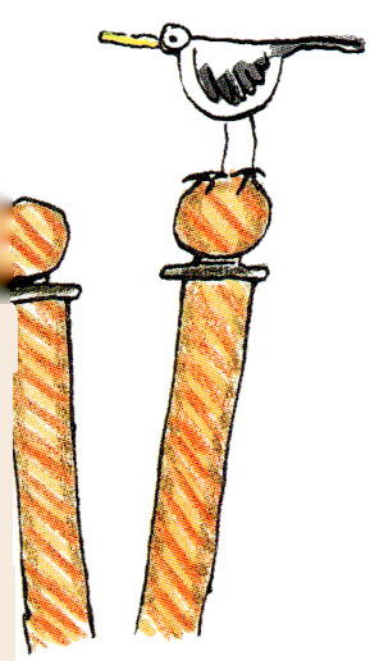

Reederei Bruno Winkler

Mierendorffstraße 16
10589 Berlin Charlottenburg
Info: 349 95 95
www.reedereiwinkler.de
Wer bei einer Rundfahrt übers Wasser der Berliner Innenstadt schlemmen möchte, kann in der Sommersaison auf der Spreekrone an einem Familien-Brunch teilnehmen. Hier zahlen Kinder im Alter zwischen sieben und 14 Jahren für die Schlemmer-Rundfahrt nur einen Euro pro Lebensjahr. Außerdem schippert man an bestimmten Terminen gemütlich um die Müggelberge oder erlebt im September, wie der Wannsee beim größten Wasser-Feuerwerk Berlins in Flammen steht.

Reederei Riedel

Planufer 78
10967 Berlin, verschiedene Abfahrtsorte
Info: 616 579 30
www.reederei-riedel.de
Wer keine Lust hat, die Tour rund um die Museumsinsel zu laufen, kann sich auch auf dem Wasser fahren lassen. So bekommt man auch noch das hübsche Nikolaiviertel zu sehen. Für Nachteulen und geduldige Kinder empfiehlt sich auch die stimmungsvolle abendliche Stadtrundfahrt.

Noch ein Platz und eine Straße

Potsdamer Platz

S-Bahn: Potsdamer Platz

Auf dem modernsten Platz Berlins kann man echte Großstadt-Gefühle bekommen. Die Architekten haben sich hier wirklich verrückte Wolkenkratzer ausgedacht. Unbedingt anschauen: das Zeltdach des Sony-Centers. Früher, in den zwanziger Jahren, schlug hier das Herz von Berlin. Verkehrsknotenpunkt nennt man das heute. Bestaunen kann man die erste Ampelanlage Deutschlands oder einen Teil des legendären Kaisersaals. Du findest ihn in einer gläsernen Box neben dem Sony-Center.

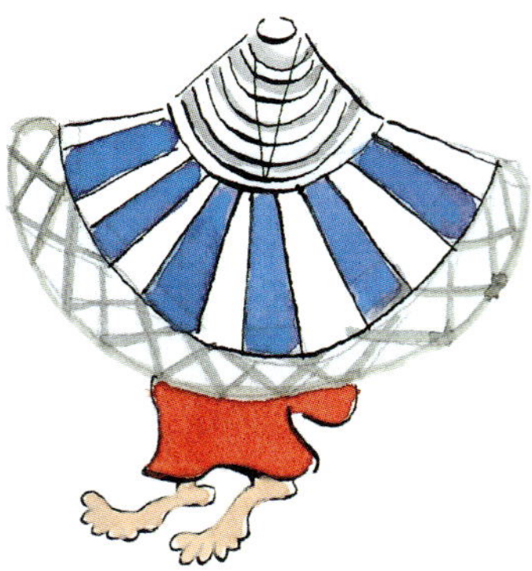

Kurfürstendamm

U-Bahn: Kurfürstendamm

Wer hat noch nicht vom berühmten Kurfürstendamm gehört? Die Berliner nennen ihn nur kurz und knapp Ku'damm. Seine Karriere begann er als Reitweg (wie so viele große Berliner Alleen und Chausseen!). Auf diesem Weg ritten die Kurfürsten ganz bequem und geradeaus vom Stadtschloss zum Jagdschloss Grunewald. (Das sollte man sich auch mal ansehen. Es ist das älteste Schloss Berlins!) Der Kurfürstendamm war zeitweise völlig mit Holzbalken ausgelegt und als Knüppeldamm bekannt. Als der Reichskanzler Otto von Bismarck in Paris die Avenue des Champs-Elysées mit dem Triumphbogen sah, wollte er auch eine so prächtige Straße in Berlin haben, unbedingt! Tja, und heute ist der Ku'damm ein 3,5 Kilometer langer Einkaufsboulevard. Ehemaliges Aushängeschild des Wirtschaftswunders der fünfziger Jahre. Seit der Wiedervereinigung hat er ein wenig an Bedeutung verloren. Aber berühmt ist er immer noch!

Rätsellösungen

Seite 27: Vor dem Konzerthaus findest du 32 beißfeste Löwenköpfe.

Seite 28: Der freundliche Roboter ist silberfarben und heißt »Komm rein«.

Seite 29: 1. Die Wolke im Houseball symbolisiert die Freiheit, die für alle Menschen, aber ganz besonders für Flüchtlinge, ein sehr hohes Gut darstellt.

Seite 29: 2. Die Lampe, der Schuh, der Topf und das Herz sind nicht im Houseball-Bündel enthalten.

Seite 30: Der Bewohner des Hauses 77 in der Mauerstraße war Schmied.

Seite 31: Georg Ehret hat seine Freundin bei der Flucht im Beifahrersitz unter einem schwarzen Tuch versteckt.

Seite 34: Das zweite Pferd von rechts! Es schaut nicht nach unten.

Seite 36: 1. Gustav; 2. Quadriga; 3. Glaskuppel; 4. Auster; 5. Napoleon; 6. Mauerspecht; 7. Velotaxi; 8. Chaplin. Der Name der Siegesgöttin ist Viktoria.

Seite 41: Es ist der dritte Schlüssel.

Seite 48: Die Granitskulptur des Gorillas Bobby findest du in der Nähe des Affenhauses.

Seite 49: Den Stegosaurus und den Triceratops und andere Dinosaurier findest du draußen, gleich rechts neben dem Elefantentor an der Fassade des Aquariums.

Seite 55: Die identischen Helme sind Nummer 3 und Nummer 7.

Seite 60: Es ist die Sicht durch das Schlosstor, die nur gemalt wurde. Zu sehen ist eine Landschaft mit Bäumchen. Oben in diesem Gemälde erkennst du einen Teil des Fallgitters.

Register

Brigitta Höpler · Sibylle Vogel ·
Alexander Potyka

Wien
Stadtführer für Kinder

80 Seiten, vierfarbig, broschiert
ISBN 978-3-85452-856-2

Auswahlliste zum Kinder- und
Jugendbuchpreis der Stadt Wien 2003
Federhasenpreis 2001

Eine Entdeckungsreise durch die Stadt an der Donau in sechs Rundgängen, die von kleinen Broten und riesigen Tieren, von Vampiren und Mülltonnen, von Engeln und Feuerwehrmännern, von Kaisern und Königen, von Monstern und Heiligen und von einem großen Ringelspiel berichten.
Ein fröhlicher Stadtführer mit Rätseln und Spielen, praktischen Hinweisen und jeder Menge Wissenswertem.

»Ein wirklich anregender, faszinierender, neugierg machender Reiseführer für Kinder, der auf didaktisch völlig unaufdringliche Art auf wichtige Stationen der Stadtgeschichte und Architektur ebenso wie auf das scheinbar Nebensächliche aufmerksam macht.«
Der Bücherbär

Martina Gorgas · Sibylle Vogel

München Stadtführer für Kinder

72 Seiten, vierfarbig, broschiert
ISBN 978-3-85452-892-0

Eine Erkundung der bayerischen Metropole in sechs Rundgängen, die von Schäfflern, Henkern und dem Teufel, von Affen und dem Alten Peter, von Bronzelöwen und Wellenreitern, von einem Bauerndorf und einem Künstlertreff, einer Kutschenfahrt und einer Trambahnfahrt berichten. Ein fröhlicher Stadtführer mit Rätseln und Spielen, praktischen Hinweisen und jeder Menge Wissenswertem.

»Historisches und Aktuelles, für Kinder Attraktives wird in lockerer Form geboten. Frage- und Antwortspiele sowie Animierendes beleben sechs interessante Spaziergänge.«
Eselsohr

Margit Salamonsberger ·
Johanna de Wailly

Salzburg Stadtführer für Kinder

72 Seiten, vierfarbig, broschiert
ISBN 978-3-85452-078-8

Entdecke die Festivalstadt an der Salzach in sieben abwechslungsreichen Rundgängen durch die Fürstenstadt und die Bürgerstadt, die Festung und Sankt Peter, Mirabell und Hellbrunn.
Ein fröhlicher Stadtführer mit Rätseln und Spielen, praktischen Hinweisen und jeder Menge Wissenswertem.

»Selbst Ältere, die meinen, Salzburg ganz gut zu kennen, werden überraschende Entdeckungen machen und sich voll Neugierde an den kleinen Rätseln und Quizspielen erfreuen.«
Wirtschaftswoche

»Eine nicht nur für kleine, sondern auch für große Salzburgbesucher spannende Lektüre.«
Eltern